蒙斋絮语

林鹏 著

山西出版传媒集团

三晋出版社

图书在版编目（ＣＩＰ）数据

蒙斋絮语 / 林鹏著. -- 太原 : 三晋出版社，
2017.8

ISBN 978-7-5457-1571-2

Ⅰ．①蒙… Ⅱ．①林… Ⅲ．①语录－汇编－中国－现
代 Ⅳ．①H136.3

中国版本图书馆CIP数据核字(2017)第240589号

蒙斋絮语

著　　者：林　鹏
责任编辑：李秋芳
责任印制：李佳音

出 版 者：山西出版传媒集团·三晋出版社（原山西古籍出版社）
地　　址：太原市建设南路21号
邮　　编：030012
电　　话：0351-4922268（发行中心）
　　　　　0351-4956036（总编室）
　　　　　0351-4922203（印制部）
网　　址：http://www.sjcbs.cn

经 销 者：新华书店
承 印 者：山西基因印刷服务有限公司

开　　本：890mm×1240mm　　1/32
印　　张：6.5
字　　数：120千字
版　　次：2017 年10月　第1版
印　　次：2017 年10月　第1次印刷
书　　号：ISBN 978-7-5457-1571-2
定　　价：29.00 元

隽言妙语见学识

韩石山

前几天在网上浏览，有句话很有意思，说是：要多跟六岁以下、七十岁以上的人交朋友。道理没有说，一想就明白了。六岁以下，还属于童蒙时期，天真无邪，不会跟你要心眼；七十岁以上，饱经沧桑，没心思跟你要心眼了。说的都是实话，甚至是人生的经验之谈。

接下来就想：这话是对多大岁数的人说的呢？小了用不着，大了没必要，当是指三四十岁到五六十岁的人。

接下来又想，自己做的怎么样呢？

答案是：跟六岁以下的人交朋友，这条不用做也做到了。因为我从五十三岁起，有了外孙；直到现在，身边没有缺过六岁以下的孙辈。

跟七十岁以上的人呢？

算了一下，也还及格。证据是，我很早就与张颔、林鹏两位老先生交往，一个长我二十六岁，一个长我十八岁，即以林先生算，我五十二岁时，他就七十岁了。

两位老先生，算起来，跟林先生相识较早，交往也多些。

这是因为，两位老先生的住处，离我家差不多远近，而走起来，林先生这边方便些。去张先生家，要拐好几个弯儿，去林先生家，顺着府东街直直地走，有二十分钟就到了。

更重要的一点，是林先生健谈。进了门，问过安，坐下来，不等你说话，他就说起来了，开头一句常是：听到什么消息没有？这也是老年人的一个特点，不多出去，来了客人，总想听听外面的动静。不知别人怎样回复，我多半会说：没有。你这里刚说了个"没有"，他那里就说开了，说他可是听说了什么什么。

几句闲话过后，说着说着，就转到学问上的事，说他看了什么书，悟到了什么道理。

记得有那么几年，他对上古经济制度很感兴趣，还写过几篇文章。我一去，就跟我探讨古代经济上的问题。他以为我是学历史的，在这上头，或许会有什么新见解。那是他高估了我，我在学校，就没学成样子，到了社会上，多年来为生计奔波，哪有心思管什么古代的经济制度。不过，我对他的探讨精神，对他的奇思妙想，还是有相当的兴趣。

有一次去了，不知哪儿起的话头，他忽然问我，孟子说的"君子之宅，树之以桑，五十者无饥馑矣"，对中国的士文化有什么影响。我只能说我在高中时，就念过《孟子》

上的这篇，不过是孟子的一种理想罢了，不会是当时社会的普遍情形。他说，错了，五亩之宅，恰是彼时社会的普遍情形，只是逢上战乱饥荒，难以保持，所以孟子才有那样的感慨。士人在那个时代，所以能成为一个独立的阶层，全凭了这样的经济上的保障。

这倒是个新奇的想法，我听了只有诺诺而已。

对战国时代的各种学派，他似乎都有兴趣，说来头头是道。东拉西扯之际，突然就会冒出一句，书上很少看到的话。比如他曾说过，在战国末期，凡是老成一些的读书人，无论他们出自何师何门，都带一点儒家的味道。相反，那些不够老成的野心勃勃的读书人，无论出自何师何门，则都带一点刑名家的味道。

将学术宗派与个人品质联系在一起，听来着实新鲜。再一想，就是放在当今，又何尝不是如此。

有时社会上有什么活动，他也会趁着热闹，说出些独出机抒的话来。比如，世界杯赛期间，说起足球，他会冒出这样一句：踢球，道在其中。哲学上说的"中庸"，用在踢球上，就是进球。正了做不到，偏了又不行，不偏不正，刚好进球，此之谓"无偏无颇""王道平平"，古人把这个道理讲透了。君子时常进球，小人以为那是碰巧了，瞎碰的。小人只管胡踢，瞎踢，乱踢一气，这就是无忌惮。

在他那儿，常能听到一些新奇的比喻。有一次，他说中国本就是个大图书馆，可惜没有几个安于读书的人。要先把这个图书馆的书看懂了，再读外国的；连中国的书都没看懂，就这个"斯基"，那个"可夫"，不是自欺欺人吗？

起初那些年，我以为在他那儿听到的，不过是些奇谈怪论；后来发现，他说的，该称之为隽言妙语。早些年他出的书不多，我也没有怎么细细看，后来他的书一本一本地出，正好我也闲了，就一本一本地看。

看着看着，发现一个奇怪的现象，就是我在书中看到的好些闪光的东西，都有熟悉的感觉，是曾在他人的书上看到过吗？又想不起来。

忽一日脑际灵光一现：啊，这些话，不是他早先跟我闲聊时说过的吗？

是不是可以这么说，林先生把他与朋友们之间的闲聊，当作了一种学术训练，是在不断地探索，也是在不断地完成着语言的组合？非是有意为之，该是老年人的一种习惯。多年前，在一首诗里，他将这种闲谈说成是"胡说八道老来风"，前四个字是谦辞，后三个字却是实情。这也正是林先生的可爱之处、可敬之处。

林先生学识的精彩之处，主要得之于他的读书与思考。与朋友交谈，显现的不过是吉光片羽。要真正认识林先生，当然还是要多读他的著作。

千万不要以为，林先生的著作，不过是一种老年学者的狂狷之言，他姑且言之，我们姑且听之。过去，我也有过这样的想法，看书多了，方发现，林先生的许多看法，不光是新颖的、犀利的，也是与近世顶级学者的看法相通的。比如他曾多次谈到"报"这个话题，还写过《报仇之制》这样的文章。其中说："杀人偿命，欠债还钱，这是定理，这是定律。如果杀人可以不偿命，欠债可以不还钱，这就是动乱的根源。儒家正是有见于此，才提出报仇之制，规定了详细的条款，并且再三说明，再四强调。"

你以为这仅是林先生个人的偏激之见吗？

否！

正巧前些日子，我在看杨联陞先生的名著《东汉的豪族》（商务印书馆 2016 年 10 月北京第三次印刷）。这是一本学术论文集，收有杨先生的一篇重要文章，名为《报——中国社会关系的一个基础》，论述了"还报"在古代社会生活中的各种表现方式，同时也论及报仇及游侠的道德规范。若说两者在表述上有什么不同，只能说，杨先生写的是学术论文，而林先生写的是学术随笔，其表述较为质直些。

杨联陞先生是哈佛的名教授，也是近世以来有数的历史学家。杨先生的书，林先生肯定没有看过。谁又想到，林先生的思考，与杨先生著作中的提法，竟不谋而合呢？

毫无疑问，林先生的书是值得读的，尤其值得山西的年轻学人读读。学他的好学精神，学他卓见迭出的思考方式。

只是他的书太多了，要通读也有相当的困难。现在李

第一辑　思想论丛

　　我虽然没有做过什么轰轰烈烈的事情，却想过许多轰轰烈烈的问题。不过也就是想想而已，岂有他哉。

——林鹏《平旦札》

所谓国学者，儒学也，经学也。一言以蔽之，仁也。

（《古之学者为己，今之学者为人》）

政治就像音乐一样，一般人莫名其妙。作曲家将他的不可名状的灵感写成乐章，大多是一个人独立完成的。如果许多人在一起七嘴八舌地讨论某一个主题，这样写出来的乐章，肯定是不堪入耳的。

（《咸阳宫》）

就像举着火把抓鱼一样，英明的决策，若在公开的集体讨论中，一万年也产生不出来。

（《咸阳宫》）

任何一种理论和政策都会在执行过程中变样，就像鲜鱼会变为腐臭一样。

（《咸阳宫》）

重大的战略策略，其实都是在琐碎不堪的情况下确定的，犹如许多重大的人命案件，其实都是由于一些鸡毛蒜皮的琐事所引起的一样。

（《咸阳宫》）

它太细微了，同时它又太宏大了；它大到它以外再也没有任何东西，它小到它以内再也无法认识。这就叫阴谋。人人都能感觉到它，人人都能接触到它，但是谁也没有把它正确地说出来。

（《咸阳宫》）

精神过度紧张，加以身体过度疲劳，可以使人出现各种病态，变得异常敏感同时又异常迟钝。他们的头脑像琴弦一样绷得过紧，结果就像失去了正确的音调一样，失去了正确的思路。

（《咸阳宫》）

就像战车在斜坡上向下疾驰时失去了刹车的器具一样，已经不是马拉着车，而是车推着马，这是非常危险的。而当战车倾覆的时候，所有的军士都慌了手脚，谁也不知道怎么办，甚至谁也不知道谁在干什么。他们不仅在当时不知道，就是在过后，仍然还是不知道。你可以把这种情形，叫作当局者迷。

（《咸阳宫》）

西汉初年，民间曾有过谚语，说："商山四皓，不如淮阳一老。"（见《集韵》）四皓都是河内枳人，而应曜却是淮阳人士。我们介绍这些情况，是为了说明学术导源于政治，而政治则生根于地区。地区的差别，几乎是不可逾越的。

（《咸阳宫》）

　　君子要用伟大的理想和实际的政治吸引众人，从而给他们力量，给他们胆略，给他们足够的智慧。千万不要用功名利禄吸引他们，那样，他们从别处也可以得到功名利禄。

（《咸阳宫》）

　　无论古代的圣贤们读过多少精微而深沉的道理，只有一个字他们无论如何攻不破，这个字就是"死"……只有死到临头的时候，人才能真正觉悟。换一个说法也行，思索死的时候，人才能看清周围的一切。

（《咸阳宫》）

　　古代民主思想即所谓王道思想。

（《咸阳宫》）

　　虽然说是时代造英雄，但是有汤武，有桀纣，他们所处的时代是一样的。至于国王么，聪明一点不一定就好，糊涂一点也不一定就坏。有了正确的建国方略，老实说吧，国王糊涂点，最好不要管事，"无为而治"，反而更好。

（《咸阳宫》）

仁人志士，关系国家的存亡和民族的兴旺，这是万人相同的。同声相应，同气相求，走到哪里，也不乏志同道合的人。

（《咸阳宫》）

谁也不要争权夺利，天下自然就要进入一种保合太和的境界。纵然有非凡的聪明才智，只是没有使用它们的地方。

（《咸阳宫》）

秦国等级森严，住宅面积也是等级森严，以至于闹得有一位哲学家说："没有等级就无法统治，没有等级就要天下大乱。"战国时候，其实已经天下大乱，有说东的，有说西的，有正必有反。于是，另一位哲学家便说："天育生民，人人平等；等级就是压迫，等级就是枷锁，等级就是罪恶。"

（《咸阳宫》）

权力就是世间唯一的神灵，它可以使一具行尸走肉焕发出奇异的色彩，可以使一个流氓无赖变为英雄豪杰。这就是古语所说的"圣人之大宝曰位"的真谛。位也者，权势也。

（《咸阳宫》）

老百姓一辈子不言不语也不书，同样也过一辈子。士人又言又书，也未必能活两辈子。仔细想来，只是憋不住罢了。

（《平旦札》）

仁的本义，可以说很深，也可以说很浅。它很深沉，也很浅近，它就是生命本身，就是人类本身，就是道德，就是生活，就是一切。

（《平旦札》）

何为中庸？再通俗点，以足球为例，中庸就是进球，偏了不行，太正了也不行，不偏不正，刚好进球。此之谓"无偏无颇""王道平平"（《洪范》）……君子时常进球，小人以为那是碰巧了，瞎碰的。小人只管胡踢，瞎踢，乱踢一气，这就是无忌惮。

（《平旦札》）

只有立于国学，中国学术才有发展。

（《平旦札》）

士君子是中国古典文化的骨干，这就使中国古典学术文化得以延续，从而也就决定了仁者无敌。

（《平旦札》）

中国历史悠久，文化遗产丰富，来龙去脉，条理分明，容易认识，容易理解，不同于西方。由于西方的各种观点、概念，所以总也说不清中国的事情。

（《蒙斋退想录》）

各种宗教都可以到中国来传教，中国是最开放的国家。中国人对宗教不甚认真，平时不烧香，临时抱佛脚。在中国人看来，任何宗教都没有"三无私""三不朽"更具凝聚力。

（《蒙斋退想录》）

诸子蜂起，百家争鸣。春秋无义战，战国无忠臣。不臣天子，不友诸侯，不食嗟来之食，证明了士的觉醒。众经诸子是士的文化。后世同帝王文化对抗的就是士文化。

（《蒙斋退想录》）

孔子发现了人，创立了仁学。这就是古代民主理论的根本。西方叫"天赋人权"，人权是上帝赋予的。中国没有上帝，中国就是人。人本身就具有尊严，具有权利，当涉及第二个人的时候，就具有义务。这就是仁。

（《蒙斋退想录》）

中国自远古以来就是农业社会。中国古代文化的基础是个体农业。个体农业产生了士文化。个人的自由和尊严是士文化的灵魂。

（《蒙斋遐想录》）

春秋战国的士人，都有五亩之宅，他们便成了最早的自耕农。与此同时便出现了不臣天子、不友诸侯的隐士。农业的个体性，确立了个人的独立和个性的尊严。这就是仁的基础。

（《蒙斋遐想录》）

士有宁死不食嗟来之食者。先秦之士其尊严如此。士有在朝之士，有在野之士，有义士，有高士，更有狂狷之士，然而其尊严如一。

（《蒙斋遐想录》）

正像欧洲思想界始终没有达到古希腊圣哲们的高度一样，后世的中国人也从未达到春秋战国圣哲们的高度。

（《蒙斋遐想录》）

外来文化，要经过一番特殊的消化过程。吃了羊肉长羊肉，吃了狗肉长狗肉，那还算个人吗？生搬硬套，畜类不如。

（《蒙斋遐想录》）

巨大的社会动荡，复杂的历史事件，究其原因，都是由具体的仇恨造成的。而所有的仇恨，可以一概而论，都是由社会的不公正造成的。正因为如此，消除社会的不公正现象，才是真正的政治。法家的"以刑去刑"，只是镇压再镇压，直到无人敢于反抗为止。这是制造不公正，加深不公正。孔子说："必也无讼乎！"就是从根本上消除社会的不公正。

（《蒙斋退想录》）

20 世纪一百年间，中国人学习西方，跑了一圈，累得要命，现在该回家了。

（《蒙斋退想录》）

中国古代没有西洋那种思辨性质的哲学。中国古代的哲学就是《周易》。《周易》是中国古代的历史哲学、政治哲学和人生哲学。《周易》的思想就是"仁者无敌"。

（《蒙斋退想录》）

古代的战争也未必都是政治的继续，简单说就是生存的需要。较强的小国，吃掉别人，壮大自己，生存才更有保障。倚强凌弱，以众暴寡，民族渐渐融合，统一的语言文化渐渐形成。

（《式夷之义》）

士是什么？……士者，事也，其人则芸芸众生，其事则纷纭无限。士们什么都干，什么都能干，什么都会干，不干没饭吃。什么都干，自然是自由民；不干没饭吃，就是没遗产，不是贵族，至多是贵族的庶孽，就是平民、庶民，或叫作国人。

（《式夷之义》）

土地私有，恩格斯指出"是从住宅开始的"（见《马尔克》）。中国的情形也是如此，正是从五亩之宅开始的。在土地私有的问题上，中国学人有许多糊涂观念。有人说"初税亩"就是土地私有了，那管仲的变法呢？他们忘了土地私有是从住宅开始的，他们根本不知道恩格斯有这么一句要紧的话。

（《式夷之义》）

孔子曰："士志于道。"……士们耕余而读，其所研究既不是僵死的教条，也不是空洞的说教，而是经世致用的技能。即使那些给官不做的隐士们，他们所研究的也是入世的学问。

（《式夷之义》）

古代的士有明确的以天下为己任"仁以为己任"的思想，就算十字架吧，他们背得起来。今天的知识分子能行吗？古代的士们都有天经地义的五亩之宅，这就构成了他们的人格基础，后来拿周工资或月工资的知识分子怎么能同他们相提并论呢？

（《式夷之义》）

中国有广大的版图，统一的语言文字，而且有大一统的天下观，应该说这正是士们的功劳。

（《式夷之义》）

杀人偿命，欠债还钱。这是定理，这是定律。如果杀人可以不偿命，欠债可以不还钱，这就是动乱的根源。儒家正是有见于此，才提出报仇之制，规定了详细的条款，并且再三说明，再四强调。

（《报仇之制》）

当法律与道德相矛盾的时候，要求法律让步行不行？至少在西方法律学上没有解决这个问题，所以法律实践上也从来没有这样的事情。然而中国却有，不仅有这种理论，而且有这种实践，这就是儒家经典中的"报仇之制"。

（《报仇之制》）

一个国家，一个民族，统一起来比分裂强大得多。农业、水利、工业、商业以及各种文化事业的发展,都有赖于统一、和平及稳定。这点道理,不仅现代的人知道,古代的人也知道。所以战国诸侯们都知道天下将定于一,定就是和平,一就是统一。

(《秦始皇杂记》)

先秦古籍中的材料,征过来,引过去,文以万计,言之无物,竟不知井田制究竟为何物。如果有人把话说得简单明了些,单刀直入,一语破的,这在读者看来,又不过瘾,觉得不像个著作家的样子。必得广征博引,搜罗殆尽,下笔不休,百万不止,腾云驾雾而后已。

(《"芟掩书土田"》)

中国人绝不说外国人没说过的话,这也已经是非止一日了。在疑古的巨大风潮中,无人不疑古,对中国古代的一切,全盘怀疑,全盘否定。甚至怀疑中国的历史绝没有五千年,算上甲骨文,充其量也就三千年。提到井田制,则嗤之以鼻。

(《"芟掩书土田"》)

中国人就说中国的事,管他外国有没有呢。外国有金发碧眼的猛兽,难道也要一定在中国找出来吗?

(《"芟掩书土田"》)

德国的农民同中国的农民是不一样的。希特勒的军人，绝大多数是农民，他们却不愿意代表农民，而情愿去代表工人作战……中国古代却又不同。垄上的耕夫叹道："王侯将相宁有种乎！"他们不仅"是创造城市中世界历史的血液的来源和不息的源泉"，他们就是创造世界历史的领袖。

（《贡助概述》）

中国的士大夫……本身就是自耕农。他们深知民间的疾苦，而且敢于为此而仗义执言，直至流尽最后一滴血。所以说，中国的古代史，就是农民的历史；中国的古代文化，就是农业文化；中国的古代学术，就是农业学术。

（《贡助概述》）

老子曰："上善若水"，孔子曰："水哉！水哉！"农民不仅是壶方、水方、壶圆水圆的水，而且是既可载舟又可覆舟的水。农民像水一样的柔弱，并且像水一样的坚强。水哉水哉！上善若水。

（《贡助概述》）

《左传》曰："国之大事在祀与戎。"祭祀是祭祀山川之神和祖宗之鬼。这同后来的叫作宗教的东西不是一回事。它没有信教不信教之分，也从没有发生过宗教战争。

（《贡助概述》）

人有潜意识，社会生活有潜流，社会意识也有潜流，学术思想、学术研究也有潜流……学术者，心术也。世上有不见影儿的大动作，不期而遇，不约而同；并且有不可言说的绝对真理，可不慎诸。

（《〈蒙斋读书记〉再版后记》）

殖民主义思想就像台风登陆一样，蹂躏着中国人的精神。即使在中国史的研究上，也是看洋人的眼色行事。一个井田制，也得照搬外国的结论。黄帝子孙，以至于此。

（《平旦札》）

当五种社会形态学说产生以后，欧洲拿不出任何一种社会制度的典型形态。它既没有典型的奴隶制，也没有典型的封建制；反过来，倒埋怨中国古代社会不典型。首先认为中国古代史就不应该有那么久远，所有上古的历史都是由越来越多的传说造成的。凡欧洲没有的，中国就不应该有；反之，凡欧洲有的，在中国也必须找出来。

（《平旦札》）

帝国主义对中国的殖民战争，打了一百多年，都没有完成。这一点，人们也很清楚。所以，本世纪之末，当疑古之风渐趋平静的时候，人们也就不想再提这些往事了。往事知多少，故国不堪回首月明中。

（《平旦札》）

外国人到中国来，不是传教、做买卖，就是打仗，毫无例外地都是以征服者的姿态出现，没有一个是来学习的。当然，中国文化对他们没有丝毫实用价值，即使来学，也不可能成就。

（《平旦札》）

中国人发明了火药，别人用它造杀人的利器，中国人却只会用它制造烟花爆竹。鲁迅曾为此痛心疾首，发出无限感叹。正是在这种特别需要用脑的地方，真洋鬼子和假洋鬼子的头脑，就像铅笔刀在玻璃板上划过一样不能深入，不能思索。

（《平旦札》）

若说发明火药的人根本就不知道它可以变为杀人的利器，这是说不通的。但是，在好几个世纪之内，硬是不把它变为杀人的利器，只用它做烟花爆竹，这是为什么？这是什么思想？这是什么文化？一两句话，是说不清的。就算能说清，一般人也未必能明白，更不要说接受了。

（《平旦札》）

中国人很早就会造船，三宝太监带领的浩大的船队，曾经到达遥远的海域和不知名的国家。他不是去征服别人，也不是去做买卖，纯粹是一种友好访问。认真说来，中国人就是傻气。大老远的，千辛万苦九死一生，给人家送点礼物去，图个甚？不图甚。这不是冒傻气吗！这是人类历史上唯一的一件傻事。五百年来，却没人谈论过这件傻事。

（《平旦札》）

如果在这种地方，提到"大智若愚"这句话，人们一定会觉得平淡无奇。简直是道之出口，淡乎其无味。所以当人们一旦接触中国文化，接触到它的边沿，摸索到它的一点半点实质的时候，心中就感到一片茫然。

（《平旦札》）

有人把长城，内长城、外长城，比作是闭关锁国的象征，对此反感之极。我也有同样感觉，也认为长城是一种闭锁。不过，它所闭锁的是一个巨大的图书馆，一个汉语汉字的包罗万象丰富异常的图书馆。外国人从未走进这个图书馆。现代中国人虽然住在这个图书馆里，却由于东张西望、见异思迁、急功近利、好大喜功，以至对本土文化知之甚少，只鳞片爪，不是妄自尊大，就是妄自菲薄，以至于抱着金碗四处讨饭。

（《平旦札》）

他们说中国历史上就是政教合一，仿佛有根据，其实大错特错。中国古代的政不是西方的那种政，教也不是西方的那种教，更不是宗教。

（《平旦札》）

中国古代的政，是明堂议政、辟雍选贤的政，西方从来没有过。就是自中古以后，中国也是皇帝同大臣议政，甚至同士人共治天下，不像希特勒，朕即党、朕即国家、朕即法律的那一套。这些东西，只是暴君暴政，是走向灭亡的必由之路。

（《平旦札》）

中国古代没有信教不信教之分，没有异教徒，没有宗教组织，没有宗教裁判，没有宗教战争，自然也就没有宗教。从而也就没有神学，也没有神学的婢女形而上学的哲学。

（《平旦札》）

从雅斯贝斯的"轴心期"下来，人类智慧既然在两千年前就已经成熟，再下来它就应该走向平实，走向具体，关注个体和个性尊严，关注生命自身及其生产条件。生命没有目的，它不为什么，它不为别人而存在。

（《平旦札》）

中国古代没有专注思辨的，也就是只管精神和物质的关系的所谓哲学。中国古代的政只是管理职能，所谓教也只是文教，首先是家教，如此而已，岂有他哉。

（《平旦札》）

所谓仁，是很自然的，天然的，忘不了，只是因为种种原因硬是不敢正视罢了。仁哉！仁哉！！这有什么难理解的。

（《平旦札》）

所谓仁，原本就是感情，对人的关注和爱护，它是一种自然而然的道德情感，好理解。人人都可以身体力行，尧舜亦人，我亦人也。

（《平旦札》）

虽然有数不尽的发展变化，道德的基本内涵是不会变的。这个内涵，追根究底就是对自身以至对生命的关注，以及对一切生命的关注，对生命的来源，也就是对血缘的关注，以至最后是生命的存在条件，也就是对社会生活的关注。扩而充之，推而广之，对全人类的生命和生存条件的深切关怀。

（《平旦札》）

黑格尔的名言"凡是存在的都是合理的"……对现状的永远的不满，是社会发展的精神上的动力。从这种意义上说，往往存在着的都是不合理的，或说不尽合理的。

（《平旦札》）

由于语言文字的极具特色，历史之悠久，遗产之丰厚，古典学术之博大精深，等等原因，造成外国人无法真正了解中国事物。这反而成了中国人的困难，因为20世纪以来，中国人只说外国人曾经说过的话。

（《平旦札》）

沃森写道："实际上中国知识界的变化与世界任何地方截然不同。"类似的话，许多西方学者都说过。他们一般都认为中国古代文明是单独发展起来的，把中国古代文明和古埃及、古印度等等并列着。

（《平旦札》）

中国没有亡，中国文化没有亡，儒家经典还在，仁学还在，汉语汉字还在，两次焚书坑儒之后士君子并没有死光。

（《平旦札》）

中国古代文明是独立发展起来的，诸如《易》《书》《诗》没有任何外来的影响。这种独立性就正是它的独特性。虽然曾经有过不少疑古派的学者，从中挖掘巴比伦的影响，甚至寻找黑非洲的色彩，白闹，毫无结果。

（《平旦札》）

所谓"自由的思想，独立的精神"，其具体内容是什么，都有哪些，不得而知。倘若用一些外国名词，如自由主义，如个人主义，如人道主义，如民主主义，说来说去，颠三倒四，宽泛之极，不知究竟。

（《平旦札》）

中国的佛教是禅宗，他是印度所没有的。即便是外来影响，中国文化的独立性，也就是独特性，依然是存在的。以后唐宋明清，莫不如此。

（《平旦札》）

关于自由之思想、独立之精神，古人并不外行。中国古代的众经诸子中，详细记载着这种思想和精神。这种革命性和先进性，可以说是无人可比，西方经典中绝无此等东西。

（《平旦札》）

有些所谓的经学家，一辈子研究经学却对经学的思想毫无了解，在毫无了解的情况下却抱定决心消灭经学。经学还没有被消灭，却先给经学高唱挽歌，企图愚弄人民的人，最终是愚弄了自己。

（《平旦札》）

一百年的批孔运动，是孔子学说与全世界先进思想的大较量，结果是所谓先进思想纷纷落马，孔子却依然耸立在东方。

（《平旦札》）

五亩之宅是士君子文化的根，同性不婚是仁学的根。

（《平旦札》）

天经地义的五亩之宅，是士君子全体赖以存活的物质基础，从而他们可以耕余而读。正是他们，传承着东方的礼乐文明。

（《平旦札》）

疑古派怀疑一切的理论，正是 19 世纪兴起的强大的世界思潮。这个思潮在西方产生对希腊古典文化的崇拜，在东方则恰恰相反，对西方的崇拜带来了对东方的蔑视。

（《平旦札》）

应该指出的是，正是批林批孔运动，传播了孔孟的思想和学术。上面发下来的《论语》《孟子》强令大家读，要批判，自然就要先读。大家读的结论非常明确：孔子、孟子说的都对呀！

（《平旦札》）

有见识的人在民间，学术在民间，思想在民间，学问也在民间，在那些不知名的、默默无闻的芸芸众生之中。

（《平旦札》）

古书上所记载的，三皇五帝都是人，都是人的事迹，不是神，没有神迹，他们不自称神，人们也不把他们当作神。这是中国古史的特点，或说特质，这是别的国家的古史和上古史所没有的。

（《平旦札》）

天外有天，山外有山，光说，不是真懂。所以只要听从当地群众，那就可能产生分散主义、分离主义、分裂主义……这是必得的病，并且是死症，无药可医，不信你就试试，旧时的封建王朝绝不让你试，甭想。

（《说排外》）

辛亥革命以后，大搞新文化运动的人，跳着脚大骂科举制度……路是这么走过来的，谁也无法否认吧？这正是反对科举制度和打倒孔家店的后果，一个甜蜜的苦果，吃了一百年。

（《一个甜蜜的苦果，吃了一百年》）

自己咒骂自己所使用的本民族的语言文字，岂非咄咄怪事。这是任何国家任何时代，从来都没有过的事情，它却发生在中国。这差不多成了中国革命先进激进知识分子们的一大特色。

（《书法的本源》）

中国古代的哲学是如此的平淡无奇，讲的都是做人的道理，说玄一点是人生哲理。中国人一向面对现实，中国既没有神学，也没有形而上学。所以中国古代的一切思想都非常实际，非常简单明了，直截了当。

（《书法的本源》）

精神一旦产生出来，它同物质就是对抗的。文化一旦成为文化，它同经济就几乎没有什么关系了。艺术品虽然也能实践，但是，钱却不是衡量艺术的标准。

（《蒙斋书话》）

第二辑 历史谭片

历史长河中充满了人物和事件，纷纭错杂，不见端倪。历史家们就像进了无边无际的大森林，往往迷失其间。必须找出最重要最关键的人和事，历史才变为可以理解的。

——林鹏《蒙斋遐想录》

历史家们从未真正地关心过历史事实，更不要说什么历史是非了。他们只是根据当时的需要，拣一些对别人好听，对自己有利的话，说上一通完事。

（《咸阳宫》）

然而对于历史，却从来没有站在历史以外的人，没有真正清醒的旁观者。所以说，那些写得条理清晰、一目了然的历史书，都是事后文章，至于当时是怎么回事，鬼也不知道。

（《咸阳宫》）

《史记·秦始皇本纪》所载："王弟长安君成蟜将兵击赵，反，死屯留。"以及与此同时发生的一连串大事件：嫪毐暴乱，攻打祈年宫，战咸阳，尉缭逃亡，韩非之死，郑国被谗，燕丹亡归，樊於期奔燕，吕不韦罢相并在不久后被赐死，李斯谏逐客令，等等。这些事情不能说是小事情，然而从来的历史学家不予注意，无论通史、专史概不涉及。

（《咸阳宫》后记）

战国末期的士人，已经有了崭新的生死观和享乐观，物质利益乃至生死荣辱，已经不能买动他们。这些东西，只能买动小人，却不能买动君子。早在春秋的时候，士人们就开始追求一种普遍的公理。理之所在，虽死不避。

（《咸阳宫》）

　　人们不能设想太阳会从西边出来，或者设想月亮会突然变为流星。然而在社会生活中，到处都是偶然，人们简直就是生活在各种各样想不到的偶然事件之中。甚至可以这样说：没有偶然就没有历史。换一句话说也可以，如果没有偶然事物的作用，历史将不成其为历史。

（《咸阳宫》）

　　正因为人们不善于思索偶然的事物，所以人们看到的历史便只是玩偶和棋盘，而看不到历史上真正生动活泼的具体内容。正因为人不肯用心思索偶然的事物，所以，一旦遇到突然事变，则往往缺乏应变能力，缺乏清醒的头脑和冷静的智慧，那种情况下，人们所依靠的仅仅是动物的本能。

（《咸阳宫》）

　　后人虽然不详其术，但是仍然可以得出一个大概来，无非是说长道短，七嘴八舌，指东画西，莫衷一是。好在天下事物原本就是复杂多变的，大家七嘴八舌瞎说一遍，事物无论变成什么样子，也难免曾经有人想到说到过。于是，这就是有根有据，有证有验。

（《咸阳宫》）

在战国末期，凡是老成一些的读书人，无论他们出自何师何门，他们都带一点儒家的味道。相反，那些不够老成的野心勃勃的读书人，也无论出自何师何门，则都带一点刑名家的味道。

（《咸阳宫》）

不胫而走、不翼而飞者，莫过于谣言。整个历史上，充满了各种各样的谣言。就是最精明的历史家、最冷酷的哲学家，也难免相信谣言。就像溺水者在水里乱蹬乱抓一样，他们在谣言里乱蹬乱抓着，那情景十分令人敬佩。他们比溺死鬼略强一点，只是因为他们最终学会了在谣言里游泳。而他们真正凭借的，说来不幸得很，依然是谣言。

（《咸阳宫》）

哲人们叹道："世界上质量最低劣的莫过于历史了。"于是历史家们千百年来绞尽脑汁企图推究其原因何在。他们讲了许多，写了许多，都有道理，都很不错，只有一点他们不肯大声说，这就是因为历史上的阴谋集团水平太低。对手是无能之辈，怎么会锻炼出真正的英雄来。没有英雄的时代，那还算个时代吗？

（《咸阳宫》）

古代伟大的诗人们曾经写过悲愤的哀怨的诗篇，然而，再也没有青年人的美好憧憬和远大理想更富有诗意了。他们的天真无邪的优雅神情，足可以令饱经忧患的老人们落下泪来。这是因为他们都是从青年时代走过来的。

（《咸阳宫》）

战国后期，战争连年不断，人民处在水深火热之中，于是产生了数不尽的优秀青年。此所谓"天下无道，圣人生焉"。

（《咸阳宫》）

古代人们特别注意服饰。人们不仅可以根据服饰判断一个人的社会地位，而且可以根据服饰断定一个人的品行。

（《咸阳宫》）

商君之法：严禁开设旅店和酒店。然而在实际上，旅店酒店到处都是。商君本人在逃亡中就曾经投宿一家旅店，只是旅店主人因为他没有符节未能接纳。商鞅的政策，只是限制了乡村里比较老实的小商人，城市里几乎是酒楼林立。

（《咸阳宫》）

秦国的政策是强本弱末，就是重农抑商，而在实践上，不但离不开商人，而统治者特别尊崇商人。说起来是奖励耕战，而真正的耕战之士，即一般的庶民却是前进无门。

他们如果只是擅长耕战，那么，他们只能是卖力加卖命，受奖无路，受罚多门。而那些毫无耕战首功的大商人，却可以得到荣耀至极的封诰。

（《咸阳宫》）

（秦国）那些没有执事的士们，无论文士或武士，哪怕他们满腹经纶，浑身武艺，也只好饿肚皮。这只能怨他们的命不好。大概有关宿命论的学说，就是他们发明的，或者说是统治者在酒足饭饱之后把这伟大真理发明出来，又赏赐给他们的。

（《咸阳宫》）

那些依靠宗庙之灵的老牌贵族们，所谓王公大人们，他们至死也不了解当代英雄出产于什么地方。他们只知道珍珠出自合浦，象牙出自桂林，美女出自燕赵，骏马出自大漠，所以他们朝思暮想着要征服这些地方，以便取得这些珍奇。然而他们却不知道英雄出自何许。

（《咸阳宫》）

即使出身平民，思想比较先进的吕不韦之流，也只是着眼于"四海之内，山林之间"。实际只说的是如鬼谷子一样的隐士。他还没有看到隐于市井之中的，例如隐于酒、隐于赌、隐于屠……的那些数不尽的英雄豪杰，诸如刘邦、樊哙、韩信、蒯通、高渐离、郦食其一类真正的优秀人物。

（《咸阳宫》）

只有那些曾经有过官职的士人因为犯法，或者株连，或者在战败之后被俘，一下子变成了奴隶。一夜之间，过去的统统化为泡影，他们沦落到最底层。当他们从下往上观察社会的时候，他们才发现了这个广阔无边的渊薮。

（《咸阳宫》）

历史是一笔糊涂账。越是不知道的人，越是喜欢瞎说，而那些知根知底的人，又不屑于张嘴。所以历史就总是那种老样子，仿佛它们的本来面目就是如此。

（《咸阳宫》

当云彩走过去以后，人们才看见月亮还在原来的地方，而且还是原来的样子。但是在云彩遮住月亮的同时，人们迷惘起来，觉得仿佛月亮不在了。它不仅钻进厚厚的云层深处，而且飞走了。历史上也有过这种相似的情形。

（《咸阳宫》）

当孙膑疯了的时候，人们都知道孙膑彻底完了。后来才发现，孙膑还是原来的孙膑。这就像云彩挪开以后的月亮一样。人们甚至感觉到，那些曾经遮蔽月亮的云彩，好像抹布一般，把月亮擦拭得更加明亮。

（《咸阳宫》）

在先秦的所有典籍和诸子著作中，凡是把古帝先王以及王道等等说得好而又好的，而同时又把暴君暴政诸如桀纣幽厉等等说得坏而又坏的那些言论，仔细看来，严格说来，都是反秦的……所以，秦自商鞅以后，便定了"挟书律"，严禁民间家藏诗书百家语，如欲学习，"以吏为师"。

（《咸阳宫》）

"以吏为师"这种提法和做法，不仅愚昧落后，而且厚颜无耻。

（《咸阳宫》）

事有凑巧，无处不偶然。一部二十四史，从头到尾都是宣传天命，那迷信色彩是再也无法更浓了。中国人在有文字记载的迷信史中挣扎了几千年，若要企图找到一个真正不迷信的人，这就像在沙漠里找到一棵大树一样，不敢说绝对没有，只是极难找到罢了。

（《咸阳宫》）

战国时期，出现过许多反对战争反对兼并的言论，这些言论激烈之极，恶毒之极，例如《孟子》说："善战者服上刑。"这些言论不仅在当时没有引起人们的注意，就是在后世，也没有引起足够的重视。

（《咸阳宫》）

在重大的历史关头，重要人物总要受到许多恶评。即使他们终于建立了丰功伟绩，而在当时，那些恶评也是非常难听的。这就像千里马正在奔驰时的情形一样。虽然最终证明了它们果然是不可多得的千里马，而在当时无情的鞭笞却不停地打在它们的脊背上。明白了这个道理，也就明白了千里马不仅有力量奔驰，而且有力量承受那数不尽的残酷的鞭笞。

（《咸阳宫》）

历史家们一向都是非常宽厚的。他们只看结果，对那些曾经有过的各种各样的恶评，一概不提。在他们的书里，只有一个得数。这就像账房先生向老板的报告一样，只有一个赔赚的总数，至于其中的加减乘除就无须细说了。

（《咸阳宫》）

当我们阅读史书的时候，所能看到的只是历史的表皮，就像面对着一颗西瓜一样，鬼也没法断定它的瓤子是好是坏，究竟如何。

（《咸阳宫》）

在中国人看来，所谓的历史就是政治。现在的历史，就是过去的政治；现在的政治，就是将来的历史。所以历史家们除了政治，其他一概不感兴趣。

（《咸阳宫》）

人们总以为过去的就永远过去了，再也不会重新回来。其实，历史的车轮是在不停的反复中前进的，它留下的印记几乎永远是一样的。所有过去的东西都会重新回来，好像历史从来就没有遗漏过任何东西。

（《咸阳宫》）

古代人，尤其先秦的士人，受着仁义道德的严格束缚，为了仁义道德，往往不顾一切，甚至不顾性命。他们不像后世人把道德看得一钱不值，而把自己猪狗不如的生命看得高于一切。所以后世人比较聪明能干，升官也快，发财也快。相比之下，古人显得非常愚鲁，所以跟头栽得快，脑袋掉得快。

（《咸阳宫》）

王宫里也是一个社会，大臣们就是这个社会里的市侩。看上去，他们似乎因为是整个社会里的精华，才被提拔到王宫里来。其实，他们进入王宫时，如果先迈左腿，左腿就最先改变颜色，如果先迈右腿，右腿就最先改变颜色。

实在说来，同宫墙外面市井之中的市侩相比，他们往往要等而下之。

（《咸阳宫》）

君子之不足以成事，由来已久，何苦总是埋怨小人得势？……人类为自己的美德所付出的代价，真是太多太多了！

（《咸阳宫》）

等这些有名有姓的自由民，纷纷倒下变为奴隶的时候，奴隶制也就崩溃了。

（《咸阳宫》）

古代的城邑里，耕地甚多，居民的宅院里都种着各种农作物，这就是自由民赖以苟活的"五亩之宅"。他们宁肯饿死不犯法，宁肯穷死不欠债。一不犯法，二不欠债，他们就永远是自由人。他们有自己的姓，自己的名，有的是朋友，而且有文化，有武艺，有谋生的技术。顶不及，他们可以去做佣工、酒家保、食客、舍人、仆人，最没出息的还可以去垄上佣耕，就像陈胜、吴广一样。

（《咸阳宫》）

秦国没有文人。战国诸子蜂起，百家争鸣，秦国没有一家一子。秦国只有文武官员、大小官吏，这是个官吏的社会、官吏的乐园。

（《咸阳宫》）

所有的圣人都曾经企图预见历史的发展，但是谁也没猜着。所以说，历史一直是在黑暗中发展着，谁也不要夸说自己看到了什么，就连你经历过的，你都没有看清，没看透，还奢谈什么未来的事情呢？

（《咸阳宫》）

聪明才智对于人类历史来说简直是毫无用处，甚至非常讨厌。它仿佛大风中的尘埃，黄蒙蒙的漫天弥漫，使人目迷耳塞。其实，那天地之间蓬蓬然发于北海入于南海，折木拔屋、摧枯拉朽者，岂是这野马尘埃哉。

（《咸阳宫》）

所谓世界史，不过就是民族斗争史。而在中国古代，民族之多，号称万国。民族之间，婚姻币帛，亲睦九族，载歌载舞，这样的太平时候很少。更多的情况是你想吃掉我，我想吃掉你，杀过来，杀过去，你死我活，借助战争手段达到民族融合。究竟什么政策是正确的，不知道。

（《咸阳宫》）

古人认为，他们能够生存，全凭山川之神和祖先之鬼的佑护，所以他们对于自己的故国，怀有无法形容的眷恋。如果一定要他们离开自己的故国，那就如同落叶辞枝，他们就要枯萎，就要丧失生气，就要飘零不知所终。这就是从事农业的早已定居的民族部落的顽固习性。

（《咸阳宫》）

历史是复杂多变的，仿佛是魔鬼把持的险滩。当你驾着小舟从这里通过的时候，很难说究竟是偏左一点好，还是偏右一点好，而且你永远也找不到那不偏不倚的正确路线。这种东西根本就不存在。无论如何，你能通过，就是高手。如果你侥幸顺利通过，也不要宣传你的经验，那所谓经验，对别人没有任何价值；而不幸覆舟的人，也用不着懊丧，你不是第一个，也不是最后一个。

（《咸阳宫》）

无论多么高深玄妙的哲学，都不足以解决具体的历史难题。中国的哲学，再也没有战国时期更发达了。它的高深玄妙的程度，至今都代表着人类智慧的高峰。

（《咸阳宫》）

战国时期，战场上的厮杀越是激烈，官场上的争斗越是尖锐，寂寞的山林对于仁人志士的诱惑力也就越是强大。

这种情况发展到战国末期，优秀的人物都远离人间，避入了人迹罕至的深山。他们宁做野人，不做忠良。一些功名利禄之心较重的志士，投身于鬼神莫测的斗争之中，转眼之间就身败名裂了。

（《咸阳宫》）

这些被夷灭的家族的财产，或者上缴国库，或者分赐功臣，总之大家有利可图。所以通常一家被灭，多家庆贺，这不仅是朝廷的喜事，而且也是大臣们，尤其新上台的近臣们的喜事。

（《咸阳宫》）

感情这东西，在历史上起过好作用，也起过坏作用。当它起好作用的时候，这就是诗篇，美无伦比；当它起坏作用的时候，这就是政治，恶劣异常。所以，古代的哲人们或痛骂感情，或赞美感情，都有道理，都没道理，信不信由你。

（《咸阳宫》）

秦国人有感情，但是从来不一任感情的驱使。三晋人就不同了，把感情看得非常重，所以经常打败仗，处处碰钉子……这就是三晋的英雄多如牛毛，而在战略上却总是步步后退，算起来总觉得虽有英雄却无济于事的根本原因。

（《咸阳宫》）

自古以来对于犯罪的奴隶，都是"圜土而教之"，轻易是不杀头的。因为奴隶是奴隶主的财产，奴隶主并不高兴屠杀奴隶。秦国法令森严，主要是对自由民的庶民，对他们非常严厉，经常随意把他们变为奴隶，即变为自己的财产。

（《咸阳宫》）

（秦国法令）对于贵族，即对于掌权的奴隶主们，那就更加严厉了，动不动就是"灭家""灭族"，甚至"夷三族"，后来又有"夷九族"的名目。这是因为他们拥有财产，拥有包括奴隶在内的各种动产和不动产。

（《咸阳宫》）

现代人只是把语言文字看作是交流思想的工具，在古代则大为不然。古代人把语言和文字看成是神圣的甚至是神秘的东西，他不仅反映人的思想意识，而且它有似谶纬图像一样，预卜着个人的乃至国家民族的未来。

（《咸阳宫》）

历史就像浑浊的黄河一样，昼夜不停地向前奔流着。它发出深沉的响声，泛起耀眼的波光，它的浩渺使人眩晕。当我们站在岸上观赏汹涌澎湃的黄河时，我们感到害怕，感到孤独，感到自己是如此的渺小。

在这种情况下，如果我们高唱起来，或者痛哭失声，这都是很自然的。

（《咸阳宫》）

在历史上，真正起过伟大作用的——说来未免扫兴——往往不是刚直，而是阴柔。这是因为人类社会一天比一天更加腐败，尤其在战国末期，各种矛盾已达到尖锐的顶点，所以它容不得刚，它简直是仇恨刚直，然而它却给阴柔留下了广阔的天地。正是有鉴于此，哲人们才呼喊着"柔能克刚"。

（《咸阳宫》）

我们中华民族是如此的灾难深重，我们光荣而悠久的充满灿烂文化的历史，竟至如此的浑浊而浩瀚，就像这浑浊的黄河一样。我们能说些什么呢？最后留在我们心中的没有任何语言，只有一声深深的叹息。

（《咸阳宫》）

如果要追究中华民族变为愚昧落后是从什么时候开始的，看起来这样的问题非常困难，其实一语道破，倒也非常简单：这就是从有皇帝开始的。自从有了皇帝，就再也没有人敢于反对皇帝。惟辟作威，惟辟作福。

（《咸阳宫》）

马可·波罗说：当商旅们越过大漠时，晚上睡觉前要放一个标记，指出明天前进的方向。只有如此，沙漠才能顺利通过，不然，荒漠可以吞没一切，千军万马都无济于事。一个人口众多的伟大民族在沉睡了许多年以后，忽然醒来，却找不到昨晚放的标记。是忘记放标记了吗？是被外人偷走了吗？是自己人破坏了吗？

(《咸阳宫》)

自从有了皇帝之后，就再不能说没有皇帝的话了；自从秦始皇焚书坑儒以后，就再不能说没有焚书坑儒的话了。历史是前进的，永远无法退回去。历史的包袱是越背越重，但是，对历史的认识，是越来越清楚。

042

(《蒙斋遐想录》)

走夜路的人知道：前面一棵小树，你把它当作人，甚至还同它说话，"喂，那是谁？哪村的？"走近一看原来是一棵小树。从此，你再也无法把它当作人，再也不能同它说话了。——人类的认识过程也是如此。

(《蒙斋遐想录》)

历史一耽误就是几百年。

(《蒙斋遐想录》)

历史就像是一条山间崎岖不平的道路，而出现在地图上的却是一条毫无想象余地的直线。这也是无可奈何的事情。历史教科书所提供的从来也没有超过比地图所提供的更多的东西。

（《贡助概述》）

谁都想走回头路，但是历史没有回头路。进入 21 世纪之后，一片声的喊"回归"。儒家说回归三代，道家说回归自然，原来的假洋鬼子们高喊回归"五四"，有头脑的和没头脑的都喊回归到启蒙时代……不知道说的究竟是什么。

（《平旦札》）

秦朝的速亡，证明了"战胜而亡"的道理。"战胜而亡"证明了"当今争于力气"的荒谬。迷信物质力量，则必然毁灭在精神面前。精神包括道德，包括仁义，包括仁政，包括社会良知以及儒家所谓的礼，等等。这就是"仁者无敌"的原理。

（《蒙斋遐想录》）

打破一个旧的谜团，进入了一个新的谜团。问题依然在，还在谜团中。看上去历史就像一个顽皮的小猫，它追着自己的尾巴转圈儿，没完没了。

（《蒙斋遐想录》）

物极必反。秦始皇炫耀他的"宗庙之灵"达到极致，结果，陈胜振臂一呼，天下响应，秦朝土崩瓦解。陈胜者，氓隶也，迁虏也，何宗庙之有？最后刘邦做了皇帝，奉天承运，谁也没的说。刘邦者，布衣也，草民也，何宗庙之有？你的炫耀足可以促使别人的鄙视。

（《蒙斋遐想录》）

历史在黑暗中前进着。无知的小民需要有个神仙来指路，得势的小人便假装成神仙，指出一条坦途。结果来到悬崖，造成巨大的民族牺牲。秦始皇自称神仙，指引秦国滚下了悬崖。秦之亡，比六国更为惨烈。

（《蒙斋遐想录》）

统治之有无，取决于历史条件。同样是统治，高能者采取智民政策，低能者采取愚民政策。孔子主张智民，商鞅主张愚民。青海山上有一滴水，摔成了两半，一半进了长江，一半进了黄河，岂不可叹。

（《蒙斋遐想录》）

在古代，说话也很危险。不说话，装傻，也是高招。"宁武子邦有道则智，邦无道则愚。子曰：其智可及，其愚不可及也"。看来装傻很难学。不说话也不行，后世有所谓"腹诽""怨望"等罪，动辄就是"诏狱""廷杖"。

（《蒙斋遐想录》）

中国古代史热闹得很，可惜历史家们只会讲道理不会讲故事，最终连他们的道理也变为不可思议。

（《蒙斋遐想录》）

一切知识来源于历史，一切智慧来源于历史。一切美德来源于历史。一切教化来源于历史。正是在这种意义上说："六经皆史。"

（《蒙斋遐想录》）

儒家有"易位"的主张，并不像批孔家们所想象的儒家只知道愚忠愚孝而不知其他，遇到一个荒淫无耻昏庸无道的皇帝，也只好百般依顺而心中只等他早些死掉，除了自然死亡再没有任何办法可想。正因为儒家有"易位"的主张，所以，我们可以说儒家理论中有些东西对暴君是一种威胁。

（《比干不通》）

后世许多帝王只把儒家的经典做摆设，只用其中一部分，主要是修身的那一部分要求士人们和臣下们身体力行，帝王自己却置身度外。而儒家的这一部分恰恰是对帝王们的要求。或说，首先是对帝王们的要求。这就是所谓"内圣外王"。

（《比干不通》）

尉缭的这些话是对谁说的，不知道。若说是造谣，也不对。他是当时的人，他的对话人也是当时的人，肯定都是见过秦始皇的人，当面造谣，怎么可能呢？他造什么谣不行，为什么在人的长相上造谣呢？因此，我们只能相信，他的描述是正确的。至于后来的文人，把秦始皇描写成高大形象，那也只好由他们去。历史不是想象出来的，历史靠事实说话。

（《秦始皇杂记》）

齐王问曰："谁能一之？"孟子曰："不嗜杀人者能一之。"孟子随口就答上来的问题，也是当时人人皆知的问题。所以秦灭六国，并没有遇到什么困难。十年之间，他就削平了诸侯。同样，他又用了十年，仗是越打越大，手是越伸越长，便把自己的国家彻底消灭了。

（《秦始皇杂记》）

虽然有李斯的《谏逐客书》，秦始皇表面上是听从了，其实，逐客一直在进行，只是改为仅仅驱逐三晋的客士罢了。不久以后，赵高杀蒙恬、蒙毅，接着又杀李斯，夷三族。这时，逐客的历史任务才算彻底完成。不过，逐完客，秦国或叫秦朝也紧跟着就亡了。

（《〈吕氏春秋〉论札》）

当然也可以问，如果不杀李斯，秦就不会亡吗？不能这么问。不杀李斯，秦也会亡，但是不杀李斯是不可能的，这是早已确定的既定方针。历史学中没有"如果"二字。历史学只管事实，事实是否确凿。

（《〈吕氏春秋〉论札》）

宋襄公主张仁义，结果打了败仗，被伤身死而遭人嗤笑。仁是什么？这是非考虑不可的问题。孔子认为仁和仁政，非常之难，但是他终于讲述了仁和仁政的道理。

（《〈吕氏春秋〉论札》）

曾经有人把先秦诸子以一言而毙之，曰：先秦诸子都是为人主献策的。然而却没有想一想先秦各家各派都是献的什么策，这似乎就已经是不在他们所能考虑的范围之内了。

（《〈吕氏春秋〉论札》）

《吕氏春秋》也可以说是为人主献策的，它所献的是对君主的严格的要求……《吕氏春秋》正是最忠实最全面而且实际地继承了孔子的伟大理想和伟大传统，对人主提出了明确的要求。

（《〈吕氏春秋〉论札》）

所以总是夹生饭，总是遗憾，总是在无限的被动中无限的罪孽中挣扎着，喘息着，扭曲着，一溜儿歪斜地，连滚带爬地……呀呀！这是历史吗？

（《伯夷、叔齐以"仁"居列传之首》）

历史就这么扭曲着极不自然地发展下来，在一次错误之后，再用十倍百倍的牺牲以便弥补自己的错误。

（《平旦札》）

大舜是一个典型的士人，并且是一个典型的自耕农。尧在世时，尧的晚年就是舜掌权。后来最伟大的事业就是大禹治水，这个伟大工程却是在舜的领导下进行的……但是，后世的人们颇有眼光，只表彰他是大孝。

（《平旦札》）

所以后世强调血缘，强调以孝治天下，强调大舜是大孝。这一切都是围绕着仁展开的，一直坚持了五千年之久。

（《平旦札》）

我不是搞历史的，我只是喜欢看历史书罢了。我有一些感觉，历史上没有什么必然性，有的只是各种各样的不可思议的偶然事件而已。完全是由人，由个人，由个性，由千奇百怪的个人癖好、低级趣味、自私自利，总之都是病态造成的。

（《平旦札》）

你可以说每天的太阳都是一个新的太阳，也可以说每天的太阳都是旧太阳，都有理，看是指什么事。施宾格勒说，"历史是永无休止的重演"。克罗齐说，"历史是从来不会重演的"。都有理，都不尽然。事实上，我们的眼睛所能看到的太阳，从来没有两个。

（《平旦札》）

豫让说过一句划时代的话，"众人待我众人报之，国士待我国士报之"。这正是豫让的平等观。你怎么待我，我怎么待你，平等交换。豫让以国士自居，国士就是为一国效命的士人也。这种士只知爱国，爱他所在的国，他效力的国，其他不在他的考虑之内。

（《平旦札》）

别人称鲁仲连为天下之士，鲁仲连也以天下士自居。天下之士者，为天下苍生考虑，为中华文明考虑，为历史走向考虑，不独为一家一姓一国一地域考虑了。

（《平旦札》）

屈原和鲁仲连差不多同时。他抱有一百多年前的豫让的想法，所以我说，屈原的爱国思想是很落后的思想。他的遗作很伟大，而他的思想感情却非常的过时，显得非常保守落后，格局甚小。君子所见者大，小人所见者小。这些是不可否认的事实。

（《平旦札》）

尧以权授舜，则天下利，授丹则天下病。这正是孔子所祖述的内容。后来顾炎武所强调的正是这个意思，"天下兴亡，匹夫有责"。这正是战国后期的士君子们不约而同的明确的想法，这才是士君子群体的伟大抱负，为天下苍生，为中华文明，为历史发展责任，这也就是孔门弟子们所强调的"仁以为己任"的精神。

（《平旦札》）

第三辑　人性探幽

　　人们在观察历史的时候，就像看别人下棋一样，不知不觉之间就站到了胜利的一方。

——林鹏《咸阳宫》

人们想获得聪明才智，就像姑娘们想获得首饰一样。

（《咸阳宫》）

有理想有抱负的人，在庸俗无聊的小人面前，仿佛解除了武装一样，显得软弱无力，甚至理屈词穷。

（《咸阳宫》）

中国人的习惯是不骂国王，换句话说即不追究真正的罪魁祸首，只找些替罪羊完事。

（《咸阳宫》）

文人们在一起讨论问题，就像许多公鸡在一起抢食一样，那乐趣根本不在抢到什么东西，比如说吃饱为止，不是。真正的乐趣是显示他们英勇善斗。

（《咸阳宫》）

或者也可以说，文人们在一起讨论问题并不是要解决问题，而是要显示他们的学问和才华。他们那种滔滔不绝的样子，简直令人沮丧。

（《咸阳宫》）

人是卑贱的，他觉得高贵的时候，其实是最卑贱不过了。这也许就是荀卿所说的"人性恶"的原意。无可救药，劣根性是无可救药的。

(《咸阳宫》)

人民厌恶战争，盼望和平；厌恶穷困，盼望幸福；厌恶残暴，盼望一种比较合乎养生之道的生活。

(《咸阳宫》)

人们对正常的必然的事物思索得比较多，而对反常的偶然的事物则未能充分的注意。

(《咸阳宫》)

浅薄是无可救药的。浅薄无聊，也许是人类的劣根性。当他不得势的时候，低声下气，简直都有点寒酸。一旦得势，就极力拿架子，仿佛有意告诉人架子大才是他的本体。其实都是虚伪。

(《咸阳宫》)

一些人没有受过严格的教育，总是喜欢表现他们固有的没有教养的样子来，这大概是他们的一种乐趣。

(《咸阳宫》)

那些好人的身上，也能够很容易地发现一些丑恶的东西。

(《咸阳宫》)

就好像悬崖上的松柏，并不是他们不想挺直腰杆，是因为风狂雨暴，使他们直不起腰来。与其说这是他们的本质，倒不如说这正是他们的理智。

（《咸阳宫》）

喜欢别人捧的人，都是庸人。庸人到处都有，只是庸俗的程度和形式不同罢了。

（《咸阳宫》）

小市民迷信权势，那是因为他们生活在强权之下，不得不低头弯腰，不得不趋炎附势。于是久而久之，这便成了他们的本质。

（《咸阳宫》）

盗憎主人——他曾经害过你，你就永远是他的仇人。而被害的人，在这种情况下，却往往不以为意。这就是每当重要的历史关头，正人君子总是失败的重要原因。

（《咸阳宫》）

从人类实践来说，既然在上者是刚而又刚，那么，在下者也就只能用柔来克刚了。于是，他们变成了柔而又柔。

（《咸阳宫》）

卑躬屈膝的习惯是不容易养成的，这需要具有非常优良甚至非常独特的品质。这种优良品质，归纳起来就只有一个字，这就是柔。试想许多刚直不阿的人，实际上是脆而不坚。他们所缺乏的，就是这种极为可贵的柔。

（《咸阳宫》）

雪花也像水花一样，不管做出多少惊人的努力和挣扎，他们实际上是在向下移动着，向下沉沦着。这就同世道人心一样，不断向下沉沦着，不可挽回地沦落着。只有大风大浪，才能够把它们重新激发起来，推动起来，把它们鼓舞到一个新的出乎意料的高度。待到这大风大浪停息之后，它们又开始向下移动着，不知不觉地沉沦着。

（《咸阳宫》）

中国人忍受的苦难还少吗？苦难越多，人们越强调忍耐。忍耐，忍耐，再忍耐……也就是等待，等待再等待，所谓君子善待其时也。"等待一下吧，会好起来的"，"等过了清明节就好啦""等过了中秋节就好啦"，诸如此类，不一而足。这实际上就是更加沉沦。或者换句话说，在麻木中的沉沦。

（《咸阳宫》）

一个人在年轻的时候，血气方刚，容易发怒。这时候，他在精神上，道德上，达到一个什么样的高度，这就是他一生中抛物线的最高点。

（《咸阳宫》）

　　从此以后，生活的重负，因循守旧，世态炎凉，种种说不完的坎坷沮丧，使他的重量逐渐加大，使他不自觉地向下移动着，直到进入自己的老年。这就像一片雪花，不管它多少挣扎，多少反复，多少飞舞翻腾，它最终还是落下来，落到宫墙上，落到街头上，甚至落到污泥中。

（《咸阳宫》）

　　如果一个人突然之间明白表示，他所考虑的只是个人利益、个人安危，这就无论什么事情都不能同他谈了。

（《咸阳宫》）

　　人们对所有突然出现的完全想不到的新情况，总是显出无限惊讶的样子，并且左思右想，觉得不可思议。于是有些聪明的人，就企图给这些不可思议的事情做出各种各样的解释，以便把它们说成是非常理解的。

（《咸阳宫》）

　　（战国末期）咸阳有个笑话，说一个被砍头的鬼魂，见了一个被乱棍打死的鬼魂，匆忙行礼，口称老爷。过了一会儿，又见到一个被五牛分尸的鬼魂，立刻就骄傲起来，人家给他行礼，他睬也不睬，嘴里吐一口说道："晦气！"

（《咸阳宫》）

他们的这些说法，只能捉弄那些比较聪明的人，而那些不大聪明的人，笨拙的甚至愚鲁的人们，就连他们的这些说法，也都认为不可思议。总之，最终你必须无条件接受的，就是现实。

（《咸阳宫》）

人总是对已经失掉的机会再三表示惋惜，总是觉得后悔莫及，这几乎成了人类最不可救药的惰性。但是他们对当前的任何机会，都没有决心，总是犹豫着，犹豫着，幻想着得到更好的机会，更理想的机会。结果所有的机会都一去不返，最后只得到了最坏的机会。

（《咸阳宫》）

因为他们都是懦夫，所以他们总是站在强者一边。这就是小市民的习性。

（《咸阳宫》）

李斯鄙视厕鼠，因而反对出世。这无疑是完全正确的。

正当战国之末，天下大乱，列国的满腹经纶、才华横溢的仁人志士纷纷退隐山林的时候，李斯敢于鄙视他们，给他们起了个雅号叫厕鼠。这种气概，这种进取精神，这种不避艰险有所作为的思想，应该说是非凡的。

（《咸阳宫》）

李斯所谓的仓鼠，就是身居庙堂之上，陪伴君王之侧，有许多大事要做，有许多大问题要考虑，立大功成显名的机会非常之多，用不着整天为着蝇头小利苦斗于蜗牛之角。

（《咸阳宫》）

李斯认为毫无私心的人是没有的，是假装的。他认为人有大自私，有小自私；大自私以天下为己任，小自私只关心极端的个人利益。他宁肯自称仓鼠，以便区别于极端自私的厕鼠。

（《咸阳宫》）

有权有势的人们，为了巩固他们的权势所进行的阴谋活动，远比着没有权势的人们为了获得权势而进行的阴谋活动要多得多，而且要更加卑鄙，更加无耻。这是一个普遍的规律。

（《咸阳宫》）

秀才之所以不足成事，就是因为他们无力担当任何罪名。他们尤其害怕"外间议论"这样的空中武器。虽然他们自己经常使用"外间议论"这种气吹的武器击打对手，但是他们本身却禁不住谎话的轰击。

（《咸阳宫》）

危急关头，人总是首先想到自己的安全、自己的生命。这是很自然的，任何人都难免的。所以这也是最容易犯的错误，并且是最大的错误。

（《咸阳宫》）

这种生的欲望，使人犯下各种不可饶恕的错误，使人忘掉最重要的东西、最重要的事情，并不是自己的生命。其实，许多事情远比自己的生命更为重要，重要到不知几千倍。

（《咸阳宫》）

我们甚至可以说，战国游说之士就是消灭在李斯手里，消灭在他的这个"忍"字里了。当然也正是在这个"忍"字之下，发生了震惊世人的焚书坑儒。

（《咸阳宫》）

据说当一个人被扒光衣服的时候，就失去了反抗力，他绝不敢同穿着衣服的人较量。那薄薄的一层衣服，在心理上就如同铠甲一样重要。这就是一个很微细的差别，然而却是一个根本的差别。

（《咸阳宫》）

聪敏过人的人，往往是先有一种预感，然后才慢慢形成一种意识。当预感产生时，它就像神灵的启示一样，它是模糊的，无法把握的，自然也无法用语言加以表述。但是预感已经实实在在地形成了。于是，从心灵深处不由自主地流露出一种想不到的情绪，就连他自己，也不知道这是怎么一回事。

（《咸阳宫》）

人们习惯于依靠自己的想象，补充事物的不足。

（《咸阳宫》）

后来人自然可以说长道短，甚至发表各种高谈阔论，这是他们的自由，也是他们的权利。至于他们究竟是在干什么，他仍并不清楚。他们越是声明自己如何如何清楚的时候，其实，越是糊涂。

（《咸阳宫》）

更有甚者，不当众不写字，专门应付"表演"，必得千军万马把自己团团围住，如刘邦之在白登，项羽之困垓下。然后奋力一战，丢盔卸甲，流水落花，生死不知，下落不明。至于写的是什么字，当时就已经不记得了。

（《穿椎一得录》）

一个人的才能往往形成一个抛物线，由低到高，再渐至衰落。人的思想认识也是这种情况，仿佛一个圆圈，或者说得立体一些，像个螺旋。

（《穿椎一得录》）

一般人端详自己的照片，总觉得美不胜收，简直在城北徐公之上。他只要会写字，尽管那字很难看，自己也觉得超过了王羲之。

（《心画述零》）

傅山写道："偶论及某饥寒，眉从旁约：'此辈非饥寒累了我，正是我翻累了饥寒。'"这就是觉悟的问题。我们可以这样说，个性就是觉悟。究竟应该做一个什么样的人呢？这就是说的觉悟。

（《傅山的时代及其风格》）

谁都受过苦，有的人受了苦，增长了志气，提高了品质，变成了坚强的斗士；有的人受了苦，却变成了鼠目寸光的追逐名利的市侩。

（《傅山的时代及其风格》）

人是怎么学会走路的，谁也不记得了。其实那是一个艰苦的过程。如果有人看见一岁多的小孩子学走路，深入细致地研究这个艰苦的过程，最后编出一本教科书来，就叫"走路学"，行不行？当然行。这样的书印出来，每个做妈妈的和将要做妈妈的人，肯定都会买。不过，肯定都用不上。

（《蒙斋书话》）

只有理论家，最容易被理论所迷惑。

（《蒙斋书话》）

一个人办事，当机立断，两个人就得商量，三个人就得开会，五个人就是一个机构，十个人的单位就得成立一个党组或党委，还得有个秘书长，设个办公厅，国家再派个监督机构，没完没了。

（《平旦札》）

不忘本就是不忘本心，本心就是初心，就是良心，不忘本就是不昧良心。并不是故意忘的，是昧了，是糊里糊涂就丢了。

（《平旦札》）

人一有什么激情，就不好说了。

（《平旦札》）

生在浊世的人，居然想尽忠，这本身就是非常愚蠢的，这就是炮灰。

（《平旦札》）

不说话，装傻，也是高招。"宁武子邦有道则智，邦无道则愚。子曰：'其智可及，其愚不可及也。'"看来装傻很难学。

（《蒙斋退想录》）

习惯成自然。善习、恶习都可以自然，于是性有善、有恶。

（《蒙斋退想录》）

一边写文章，一边又叹息文章无用，这可以说是文人的通病。

（《傅山与褚临〈兰亭〉》墨迹）

第四辑　哲思警语

事物的丰富多样使得历史成为复杂多变的东西。诗人叫它夏云奇峰，哲人叫它白云苍狗，老百姓则称之为一塌糊涂。

——林鹏《咸阳宫》

要认清现代的中国，就应该首先认清古代的中国。关键是认清人，认清关键的人。

（《咸阳宫》后记）

人的精神、意志、见识，就应该像干将莫邪一样，当机立断，削铁如泥。

（《咸阳宫》）

水就湿，火就燥。天下万事万物，贵在顺应自然。

（《咸阳宫》）

黄河里波涛汹涌，并没有什么大力士推动它们；华山里青峰插天，也不是什么人垒起来的。

（《咸阳宫》）

"上有大圜，下有大方，汝能法之，为民父母"。天有阴晴，月有盈亏，日出日落，四时循环，不以英雄加快，不以愚民放慢。

（《咸阳宫》）

人类的想象力是非常有限的，就像山间的小溪无法猜测大海一样。

（《咸阳宫》）

时间是世间最宝贵的东西，也是世间最神奇的东西。它可以使世间一切事物改变形式，不仅改变它们的外观，而且改变它们的性质。

（《咸阳宫》）

单就人的感情来说，时间所赋予它们的变化，简直是神秘莫测。朋友可以变成敌人，敌人可以变成朋友，后十年是敌人，再十年又成了朋友，出人意表，神鬼莫测。

（《咸阳宫》）

冰是首先在水的表面结成的。就是在伟大的哲人面前，冰也是先从水的表面结成的。

（《咸阳宫》）

精神上的打击是逐渐承受下来的。

（《咸阳宫》）

就是神仙，对狭隘的小人也要退避三舍。

（《咸阳宫》）

学识并不是天生的，理智也不是天生。一方面争强好胜，另一方面是浅陋粗疏，这是非常危险的。

（《咸阳宫》）

频繁的灾荒和战乱，以及生活中的尔虞我诈，互相倾轧，使人们产生了脱离人世的梦想，这一切都是很自然的。

（《咸阳宫》）

人如果不说话，是无价之宝；一张嘴就有价码了。言谈举止，装不了假。

（《咸阳宫》）

骏马尚不恋栈豆，何况大丈夫？

（《咸阳宫》）

天下没有走不完的路，就像没有受不完的苦一样。

（《咸阳宫》）

人一生中把路走直、走正，真是太难了！

（《咸阳宫》）

越是庸俗的东西越是喜欢重复，并且必须等到所有人都感到厌倦而后已。

（《咸阳宫》）

饮酒就像作诗一样，雅人特别雅，俗人特别俗。

（《咸阳宫》）

情绪过于高涨，说话容易出现破绽。

（《咸阳宫》）

人有意外之福，也有飞来横祸。当其大难临头时，能够保持清醒，能够迅速取得应变手段，这是非常之难得的。

（《咸阳宫》）

编造瞎话的人，已经是末流之末流了。

（《咸阳宫》）

无论在什么时代，也会有少数不迷信或者不甚迷信的人。

（《咸阳宫》）

细心的人只要把他们看到的事情说出来，粗心的人也会看到。

（《咸阳宫》）

常言说，三个臭皮匠赛过诸葛亮。其实这话反过来说也可以，三个诸葛亮赛过臭皮匠。这是因为脑力劳动同体力劳动本质上是不一样的，甚至可以说，它们恰恰相反。

（《咸阳宫》）

　　如果一定要用讨论的办法解决创造性的课题，那势必最终是迁就了那些水平低的人。因为最高的见解和计谋，往往是最没有道理，或者说它们的道理一时极难说清。而最一般的见解和愚蠢的办法，它们的道理却是显而易见的。

（《咸阳宫》）

　　对手的低能，妨害了自己的成长。这是很不幸的。

（《咸阳宫》）

　　既然有人能够把假的说成真的，那么，同时也就应该有人把真的说成假的。这就是应变能力。缺乏应变能力，就是书呆子。

（《咸阳宫》）

　　所谓变法，不过就是改变方法而已。

（《咸阳宫》）

　　任何统治者都希望得到世上最驯服的统治工具，但是他们从来也没有想到过，越是驯服工具，越是容易把事情办糟。越是有力的拳头，越是容易打了自己的眼睛。

（《咸阳宫》）

　　偶然因素，就是人，具体的人，抱有各种各样的思想观点的人。

（《咸阳宫》）

一句话，至少可以有十种解释。此所谓仁者见仁，智者见智，忠者得忠，奸者得奸。更何况是一部大书，可以正解，可以反解，可以曲解，可以误解，可以引申，可以猜测，还可以强不解以为解。

（《咸阳宫》）

一切聪明才智就是为了争取时间。时间，最重要的是时间。所以在古代，聪明才智是按里数来计算的。例如某甲同某乙相比，相差三十里，就是指走三十里路的时间。世间一去不返的就是时间，丢掉的时间，永远也不可能再找回来。

（《咸阳宫》）

李斯说的"成大功者，在因瑕衅而遂忍之"……这些话，正像历史上所有的名言一样，他不仅反映着一个人的非凡的才华和超人的智慧，而且反映着一个历史时期的难以用三言两语加以概述的历史特征。

（《咸阳宫》）

一句名言，就像一首诗歌、一支乐曲、一座铜像。它确定了一种个性，确定了一种道德，确定了一个时代，因而可以流传久远，永不泯灭。

（《咸阳宫》）

（名言）也不管它是被后人理解或不被后人理解，还是根本就被后人理解错了，这都没有关系。它即使被埋没，也没有关系，它迟早总会被人发掘出来。

（《咸阳宫》）

它（名言）一旦被发掘出来，人们将会清理它，洗刷它，并且长时间地反复地抚摸它，认识它。这时候它就像一颗夜明珠，它的光芒照亮了整个历史的一个横断面。所有在这个断面中的人物和事件，都接受了它的光亮和色调，而且极力反映着它的光亮和色调，就像彩霞笼罩的山谷。

（《咸阳宫》）

有关报应的各种各样的理论都是荒谬的，可以凭信的只有事实。

（《咸阳宫》）

普遍的规律：最初的思想，才是正确的思想。

（《咸阳宫》）

权势的胜利使人们日益崇拜权势，迷信权势，想尽办法适应权势。

（《咸阳宫》）

你也犯错误，他也犯错误；你在错误中生，他在错误中死。谁是胜利者，谁就是对的。你胜利了，把他的错误载入史册；他胜利了，把你的错误载入史册。成功者，众美归之；失败者，众恶归之。如此而已。

（《咸阳宫》）

在众说纷纭的情况下，事情最难办。其实，也可以说最好办：我们就按众说纷纭的情况办。也就是说，士者事也，其人则芸芸众生，其事则纷纭无限。

（《式夷之义》）

好读书与不读书，一旦形诸笔墨，明眼人一看便知，哄不了人的。

（《傅山草书漫谈》）

与其追求未知的东西，不如审查已知的东西；与其创造全新的东西，不如改造原有的东西。庄子教人思索已有的知识。

（《蒙斋退想录》）

历史的发展，社会生活的进步，都是一个循序渐进的过程。抱残守缺或者追求突破，都是对循序渐进的拒绝，都会受到历史的惩罚。

（《蒙斋遐想录》）

"夫礼者，自鄙而尊人，虽负贩亦有尊也，而况富贵乎？"（《曲礼》）可见，个人的尊严是礼的根本。个人的尊严、个人的自由、个人的安全及其保障，是社会稳定的基础。抛开个人，抛开自我，就没有一切。

（《蒙斋遐想录》）

凡是说出来的，写出来的，都是从前人们说过的话。想说点新鲜话，那是难上加难，简直不可能。

（《蒙斋遐想录》）

你可以没有老师，是自学成才，你却不能没有朋友。"独学无友，孤陋寡闻"（《礼记》）。你有一大群狗肉朋友，这不算数。你至少需要一个敢于骂你的人，这才是真朋友。

（《蒙斋书话》）

人类创造了上帝，然后人类又认为是上帝创造了人类。时势造就了英雄，然后英雄们又认为是英雄造就了时势。

（《心画述零》）

　　只有那些修养较高的鉴赏家才能充分认识各种体势，各种风格的优点和特点，只有深通书法历史的人才能真正认识一件独特而优美的书法作品的"作意"和"制心"。

（《穿椎一得录》）

　　一般人容易相信前人的理论，却不大相信自己的实践。而在理论之中，一般人又特别容易相信那些神乎其神的传说。

（《穿椎一得录》）

　　孔子说："不有博弈乎？"人生在世，总得有喘气的地方，不能不留余地，那就太苦了。

（《蒙斋印话》）

　　天才是什么，很难说。但是，它不是什么，倒可以说一说。天才不是培养出来的，不是人制造的，不是你想让它产生，你盼望它产生，它就能产生的东西。

（《狂草狂言》）

　　天才不是蠢才的量的积累。一万个蠢才加到一起，还是蠢才。这就像一万个俗人加到一起，还是俗人，绝对顶不了一个雅人。

（《狂草狂言》）

梵高死后名气大得很，那简直就是对社会历史的一种讽刺。讽刺是普遍存在的，只是我们不觉得罢了。如果梵高生活在我们身旁，我们会怎么看待他？这才是问题的关键。

（《狂草狂言》）

它（天才）不是数学能求出来的东西。它是一个奇数，一个异数，一个想不到的变数，一个纯粹的偶然。现在科技发达，可以克隆一只羊，甚至可以克隆一个人，却永远造不出一个天才来。

（《狂草狂言》）

假若天才真的生出来了，有人爱护他们吗？不会厌弃他们吗？山岩石缝里长着一棵虬盘老松，好看极了，它是怎么生出来的？它是怎么活下来的？恐怕是樵夫够不着它吧。

（《狂草狂言》）

我拣回一块雁门关上的石头……如果把它扔在路边，没有谁会捡起它来。然而我却非常珍视它，长城是用它们修的，路是用它们铺的，房子也是用它们盖的，最没用的东西，实际上是最有用的东西。这大概就是古人说的无用之用吧。

（《紫塞雁门》）

大踏步而出的丈夫们，也不是不修边幅，更不是蓬头垢面，只是热情自然而已，不拿捏罢了。

（《蒙斋印话》）

作为现实生活中的一个具体的人，我不能期望着出现一个当今的孔子。这是空想，即使孔子真的再生在当世，人们也不会承认。我应该怎么办？我再三考虑的结果，我只能降而求其次，求得到一位当世的并且是我周围的我能巴结得上的近似圣人的人。

（《荷花的品格》）

理学家们讲良知良能，也就是良心，若让我说，就是初心，也就是本心。

（《平旦札》）

所谓文字游戏，就是语言魔术，他永远不想说清，所以你永远也抓不住他。

（《平旦札》）

花里胡哨的东西，玄之又玄的东西，都是多余的，至少是不诚实的。

（《平旦札》）

人活到老学到老，永不休止。然而，也要明确，认识自己是向别人学习的基础，不能认识自己，向别人学习什么，怎么学习？所以认识自己是件要紧的事情，认识自己的文化传统，明确自己所处的历史位置，等等，不可忽视。

（《平旦札》）

亲娘打孩子，后娘也打孩子。亲娘打得不疼，后娘往死里打。这就不要埋怨孩子对亲娘不记仇，对后娘记仇了。人同此心，心同此理，这就是《诗》云"恺悌君子，民之父母"的本义。

（《平旦札》）

从前当三个月的工人，就叫工人阶级；现在，已经当了二十年的打工仔了，还是算农民。

（《平旦札》）

虎落平阳，才看清了人生，从而也认清了艺术。

（《平旦札》）

历史上有过数不清的年轻诗人、舞蹈家和歌唱家，却鲜有年轻的书法家和山水国画家。这是因为，笔墨功夫绝不是一朝一夕、轻而易举可以学到手的。它既不是一般的知识，也不是单纯的技术。得到它既不能靠天赋，也不能靠传授。

（《穿椎一得录》）

第五辑　读书发微

读书人可以不做官，但不可以不弘道。

——林鹏《蒙斋读书记》

　　我一见到诸如历史学、历史哲学、中国史、世界史、文学史、政治史、思想史、学术史，不管什么史，见了就买，买了就看。人家说我是饥不择食，我承认，是这样。

（《平旦札》）

　　所谓"三代之后，于今为庶"，这句有名的话，也可以有多种多样的解释，甚至可以把"三代"解释为三辈人。也就是说，战国的动荡已经加剧再加剧，以致使得公侯王爵的曾孙，大都变成了庶人，更不要说嫡长以外的那些庶孽了。

（《咸阳宫》）

　　子华子说："迫生为下。""下"虽然不好，但是依然可以将就，可以接受。《吕氏春秋》则进一步提出断然拒绝迫生的伟大思想："迫生不如死。"在政治压迫之下，过一种违反人的本性的屈辱的非人的生活，与其这样苟且偷生，不如死掉好。

（《咸阳宫》）

　　"成大功者，在因瑕衅而遂忍之"（见《史记·李斯列传》）……所谓瑕衅，就是过失。整个历史就是在错误中前进的。想不犯错误，那是不可能的。

（《咸阳宫》）

晋国的大臣栾书杀了晋厉公，鲁成公在朝堂上问道："臣杀其君，谁之过也？"群臣莫对，里革对曰："君之过也！"这样的思想品格，后世的忠臣贤相望尘莫及。

（《咸阳宫》）

孔子曰："鸟则择木，木岂能择鸟。"孔子经常发表一些异常愤激、异常决绝的言论，贵族老爷们认为荒诞至极，而士人们却身体力行，坚守不渝。

（《咸阳宫》）

大概古代的中国人特别爱做梦。皇帝有华胥之梦，武丁有傅岩之兆，孔子梦见周公，庄周化为蝴蝶……简直是不胜枚举。以至于弄到《诗》《书》《易》，无经不载梦，春秋各国无史不记梦，诸子百家无不以梦兆为谈说资料……真是家家有梦记，国国有梦史。

（《咸阳宫》）

古代圣哲们说："圣人之大宝曰位。"位者势也，势者位也。这就是韩非学说的真谛。他的学说胜利了，他本人却失败了。

（《咸阳宫》）

古代的伟大哲人们费尽心力，探索大风大浪是从何而来，他们终于发现，这个问题是世界上最无法回答的问题之一。虽然有许多人的努力，到底也没有找到最好的答案。

（《咸阳宫》）

读书人如果不在客观现实里面掺杂一些幻想进去，他们就不能成其为读书人了。这不仅是他们的弱点，而且是他们的特点。

（《咸阳宫》）

心中横着一个"忍"字的人，是不好对付的。这或许就是某些人能够成为大人物的关键。这也就证明儒家的所谓"仁"，"仁者爱人""恻隐之心，人皆有之"的那一套成不了什么大事。

（《咸阳宫》）

斯宾格勒说："农民是无历史的""他们总是老样子""事实上，他们根本没有历史"……其实，高山大海看上去也总是"老样子"，我们却不能说它们没有历史。

（《贡助概述》）

给官不做，是因为"邦有道，谷，邦无道，谷，耻也"（《论语·宪问》），"隐居以求其志，行义以达其道"（《论语·季氏》）。虽然后来的老庄列们，喜欢说些激烈的话，也只是"遁世无闷""卷而藏之"而已，他们没有来世的观念，也没有彻底的出世的思想。

（《式夷之义》）

孔子卒，儒分八派，于是有诸子蜂起。汉人将其割裂为十家，后人囿于门户之见，不能求大同存小异作统一综观。若求大同存小异作统一综观，则只剩：人，仁，仁政，仁者无敌。

（《蒙斋遐想录》）

孔子"祖述尧舜，宪章文武"，鼓吹王道。孟子说："仁者无敌，王请勿疑。"可见"仁者无敌"是一句古语。"仁者无敌"是古代文化的结晶，是众经诸子的精髓，是先秦士文化的最高成果，是后世士人们的政治理想。

（《蒙斋遐想录》）

"道之以政，齐之以刑"，是为霸道；"道之以德，齐之以礼"，是为王道。"道之以政，齐之以刑"，冤案不断，人人自危，惶惶不可终日，"民免而无耻"。"道之以德，齐之以礼"，仁义为重，邪不压正，人人自尊自爱，于是"有耻且格"。朱熹注曰："格，正也。"

（《蒙斋遐想录》）

期王得王，期霸得霸，王道与霸道水火不相容。汉宣帝说"王霸杂之"，实属骗人，水与火谁能"杂之"？汉代罢黜百家独尊儒术的儒，不是真儒，是"王霸杂之"的"术"，即外儒内道的"术"，是帝王文化的帝王之术。

（《蒙斋遐想录》）

秦始皇废除了战国已有的教育制度。"欲学法律，以吏为师"燔诗书，禁私学，"偶语诗书者弃市，以古非今者族"，战国讲学之风，至此一扫而光。

（《蒙斋遐想录》）

愚民政策从商鞅时候就开始了，至秦始皇则登峰造极。欲巩固专制独裁，就必须使老百姓愚昧无知。孔子则不然，他主张"富之""教之"。历史家们不大喜欢谈论这些，有悖时尚。

（《蒙斋遐想录》）

秦朝人发明了弩，想不到转眼之间秦朝就在弩下灭亡了。所以慷慨激昂的孟子说："善战者服上刑。"孟子的话过于激烈，以致后人觉得不好理解。其实有什么难理解的。

（《蒙斋遐想录》）

"楚人失之，楚人得之"，这话就够十分的好了。然而，孔子曰："去楚可也。"他反对以国为本位，体现了他的大一统的天下观。老子曰："去人可也。"他反对只考虑人类的眼前需要而忽视大自然。中国古人的思想境界，非后世人所能有。

（《蒙斋遐想录》）

　　"夷狄之有君，不如诸夏之亡也"，这是因为有礼乐制度的存在。至少孔子认为，有了礼乐制度以及仁义道德等等，即使没有君（皇帝），天下也可以治理得好。

（《蒙斋遐想录》）

　　中国古代没有西洋那种思辨性质的哲学。中国古代的哲学就是《周易》。《周易》是中国古代的历史哲学和人生哲学。《周易》的思想就是"仁者无敌"。

（《蒙斋遐想录》）

　　《礼记·少仪》："事君者量而后入，不入而后量。凡乞假于人，为人从事者亦然。然，故上无怨而下远罪也。"这一段话，反映出先秦士人在政治上是自由的，在人格上是独立的。

（《量而后入》）

陈澔《礼记集说》注曰："先度其君之可事而后事之，则道可行而身不辱。入而后量，则有不胜轻进之悔者。"量者，度量也。度量谁？"先度其君"，视其可事不可事，这就是择君而事的意思。

（《量而后入》）

但是，生活在大一统的王朝之下，士人们不能想象择君而事的事情。然而在春秋战国的时候，情况却有不同，诸侯并立，权门洞开，自然士人们颇有选择之余地。当然，生活在大一统王朝之下的士人，也有不少人坚持择君而事的原则，不轻易踏进仕途。

（《量而后入》）

荆轲刺秦是《战国策》的名篇，精彩之极。后世的庸俗文人们，喜欢发些俗论。他们说，如果燕丹不派出刺客，燕国就不会很快灭亡。他们读书就只读一行，看见荆轲刺秦之下紧接着就是王翦、辛胜攻燕，就只考虑这一行以内的事情，别的不管。

（《秦始皇杂记》）

他们都有五亩之宅，耕余而读，研究各种政治军事问题，所以他们能够择君而事，绝不马虎，也就是绝不俯就。如果生活遇到极大困难，非投靠什么人不可，他们也非常慎重，绝不贸然轻进，以至后悔不及。

（《秦始皇杂记》）

　　齐、楚、韩、赵、魏，这五国都未曾派出刺客，他们亡得也不慢。中华民族的历史总算没有辜负中华民族：总归是出了一个燕丹，出了一个荆轲，干了一件惊天动地的事情。

（《秦始皇杂记》）

　　《论语·颜渊》："听讼，吾犹人也，必也使无讼乎？"应该怎么理解"听讼"一章呢？我以为，这里是讲要通过听讼达到无讼。以听讼为手段，以无讼为目的。这就是《尚书·大禹谟》"刑期于无刑"的意思。

（《听讼与无讼》）

　　虽然只是听讼的具体事，而心中却抱有远大的政治理想"使无讼""必也使无讼乎"。孔子是个奋不顾身，"知不可为而为之"的人，是一个有远大政治理想的人。在社会改革方面，他有一整套的理想。"使无讼"就是其中的一部分。

（《听讼与无讼》）

　　孔子的这些伟大理想，两千年来一直鼓舞着中国的知识阶级，鼓舞着志士仁人，鼓舞着他们主持公道，主持人道，主持正义，奋不顾身地前进。

（《听讼与无讼》）

一百年来，学者专家们向往革命，迷信欧化，故意把诸子说得一无是处，说诸子之书都是为人主献策的。这样的话，如果用来说汉唐以后的诸子，还勉强说得过去；如果用来说先秦诸子，除法家以外，是说不过去的。

（《〈孔子闲居〉》）

尤其"量而后入"，仔细想来，他们对君王是很挑剔的。这是因为他们一向抱有远大政治理想，宁肯穷居陋巷窜迹深山，不肯稍事俯就。

（《〈孔子闲居〉》）

法家对眼前宝座上的任何君王，无论他们多么昏庸暴虐庸碌无能，都匍匐在地叩首称臣，并希望他们的统治永远巩固下去，与天地长存，与日月同辉。只有他们，是甘当统治者的鹰犬，甘做忠臣。别人则未必，尤其儒家。

（《〈孔子闲居〉》）

"季氏使闵子骞为费宰，闵子骞曰：'善为我辞焉，如有复我者，则我必在汶上矣。'"（《论语·雍也》）

儒家主张"择君而事""量而后入""易禄难畜"……所谓"汶上",就是要逃亡了。"难畜"特别明确而且尖锐,意即不可以鹰犬豢养之。

(《〈孔子闲居〉》)

我们就直截了当把儒家的学说看作是给统治者们出的难题,也未尝不可。什么"君子求诸己,小人求诸人",什么"正心诚意修身齐家治国平天下",什么"仁者爱人"……《孔子闲居》中的"凯弟君子,民之父母""五至""三无私""清明在躬,气志如神",以及《王言》中的"内修七教,外行三至",等等,等等。这不是给人主们出的难题是什么?难道这是给一般的士人们出的难题吗?一般士人需要"平天下"吗?莫非他们都有可能做天子吗?

(《〈孔子闲居〉》)

《大戴礼记·五帝德》中所说的帝喾是"顺天之义,知民之急,仁而威,惠而信,终身而天下服";帝尧是"其仁如天,其知如神,就之如月,望之如云";帝舜是"畏天而爱民,恤远而亲亲";帝禹是"其德不回,其仁可亲"。难道孔孟"祖述尧舜,宪章文武"只是面对小民们说的吗?

(《〈孔子闲居〉》)

《王言》中说的"七教",都是说的修身,"上敬老则下益孝,上顺齿则下益悌,上乐施则下益谅,上亲贤则下择友,上好德则下不隐,上恶贪则下不争,上强果则下廉耻",难道这个"上"字说的是一般士人或者是一般官吏吗?

（《〈孔子闲居〉》）

既然春秋战国所有的人主都达不到儒家的要求,这不是难题是什么?退一步说,就算是向人主献策,他们只"献"了一些永远做不到的"策",这是真心献策吗?只有一个人把这事情看清楚了,他就是秦始皇。

（《〈孔子闲居〉》）

外国人之不理解中国文化,就像中国人不理解西方的神学一样。这中间的隔膜太深了。

（《人死有知无知》）

我们看到在孔子的时代,以及后来的几百年间,正是世界历史上各主要宗教产生和发展的时期。然而在中国,却没有宗教,没有神学,没有异教徒,没有宗教战争,没有宗教裁判所,没有后来在欧洲历史上视为非常神圣的许多东西。

（《人死有知无知》）

孔子的清醒的、现实的、永远不脱离实际生活的言论，在中国人看来是很自然的，很实在的，很精辟的。

（《人死有知无知》）

"子贡问孔子：'死人有知，将无知乎？'孔子曰：'吾欲言死者有知也，恐孝子顺孙妨生以送死也；欲言无知，恐不孝子孙弃不葬也。赐，欲知死人有知将无知也，徐死即知之，犹未晚也。'"（《说苑·辨物》）后面一句，回答得特别有趣。

（《人死有知无知》）

翻译为现代语就是："赐，你想知道人死有知无知吗？等慢慢的你死了，你就知道了。到那时你再问这种问题，也不算晚啊。"西方古代众多的伟大圣贤们，谁也未曾这么说话，他们也不敢这么说话，从根本上说，他们就没有这种思想。

（《人死有知无知》）

当周公践天子之位，在朝廷议政的时候，给各种级别的诸侯和公卿大夫们确定了应该站立的位置。这就是"明堂位"。我们想象当时周公布政的宫室，也已经不是上古的尧舜禹时候的茅茨不翦、土阶三等的情形了。不管周公时候的宫室与上古有什么不同，周公所继承的却是上古曾经存在过的平等的民主的理智的文化精神。所以孔子说：
"吾从周。"

（《明堂之制》）

假洋鬼子们硬是不看这些非常重要的历史事实，硬在
中国历史上寻找亚历山大和拿破仑。这应该怎么说呢？他
们应了孔子的一句话："夷狄之有君，不如诸夏之亡也。"
（《论语》）难道不是这样吗？

（《"吾与点也"》）

孔子弟子三千，贤人七十有二，而以颜回为最；《史
记》七十列传，而以伯夷、叔齐为先。颜回一生没有任
何作为，也没有任何著作；伯夷、叔齐的思想非常守旧，
甚至可以说"很反动"，但是，中国人敬仰他们，远远
超过攻城略地杀人如麻的统帅。这不能不说是中国古典
文明的特质。

（《"吾与点也"》）

南怀瑾说，中国历史上各个时期，出来拨乱反正的人
物，都是道家人物。此语颇得中国历史和中国文化之真谛。
我不揣冒昧，略予修正：历史上出来拨乱反正的人物，他
们原本都是隐士。

（《"吾与点也"》）

两千五百年前，就有君子小人之分。孔子对他的一位学生说："你要做君子儒，不要做小人儒。"可见很久以前就是泾渭分明了。

（《"吾与点也"》）

他们（小儒们）的种族善于繁殖，到处都是，嗡嗡然，轰轰然，哪里有个茅屎坑，他们就挤成堆。他们紧跟在官僚们的身后，希图得到一点残羹剩饭。

（《"吾与点也"》）

什么是小人儒呢？是不是仅仅指那些偷鸡摸狗的所谓儒呢？当然不是。后世凡属主张替圣人立言的人，也就是专替皇帝着想、专替皇帝说话、专给皇帝做广告、专给皇帝的恶德制造理论根据的人，就是小人儒。这就是黄宗羲在《明夷待访录》中所说的"规规焉"的可恨的小儒们。

（《"吾与点也"》）

商鞅所说"民不可虑始，而可以乐成"，这原本是儒家的思想，或者说是先秦诸子共同的思想。

（《商君随记》）

若按法家的标准，孔子应该算个法家。说法家发源于孔子也好，说儒家也有变法的思想也好，总之，有关法制的思想，有关时势变迁因而必须变法更制的思想，乃是先秦各家共同的思想。

（《商君随记》）

商鞅所使用的一些观念，尤其"法者所以爱民也""苟可以利民不循其礼"，应该说都是正确的。爱民利民，本是儒家的根本原则，法家也打着这样的旗号。然而判断善恶不以人的言论，或者打着什么旗号，这是次要的，重要的是以他的实际行动，他的具体政策，由实际效果，推断他的真实动机。

（《商君随记》）

法家的实际行动、具体政策，同爱民利民毫不相干，这就是法家的虚伪性。这种虚伪性，正是他们失败的根源。

（《商君随记》）

同法家的理论相比，儒家比较保守，却是随时随地不忘爱民利民。儒家主张统治者要"克己复礼"，不要脱离传统文化、传统道德和传统政策，不要使个人野心无限膨胀起来；但是也不反对做某些符合爱民利民的改革。

（《商君随记》）

季孙欲以田赋，使冉有访诸仲尼。孔子说："君子之行也度于礼，施取其厚，事举其中，敛从其薄。如是则丘亦足矣。若不度于礼，而贪得无厌，则虽以田赋，将又不足。且季孙若欲行而法，则周公之典在。若欲苟而行，又何访焉？"（《左传·哀公十一年》）孟子说："此其大略也。若夫润泽之，则在君与子矣。"（《孟子·滕文公上》）这里，孔子的"苟而行"和孟子的"润泽之"，就是指某些改革或说革新，儒家主张循序渐进。

（《商君随记》）

"夫妇之愚，可以与知焉。及其至也，虽圣人亦有所不知焉"（《中庸》），"知之"之难，谈何容易。"人莫不饮食，鲜能知味也"（《中庸》），"百姓日用而不知"（《周易·系辞上传》），民间口耳相传，说大葱和蜂蜜不能一起吃，吃了死人。我有个同志坚决不信马王爷三只眼，说两种都是能吃的东西，为什么不能一起吃？他要一试。他吃下去不到十分钟就肚子疼，疼得满地打滚。急忙请来医生，百般抢救，折腾了一宿，总算没死人。于是我就想到"民可使由之"，告诉你大葱和蜂蜜不能一起吃，至于为什么，谁也不知道，则"不可使知之"。一定要把大葱为什么不能同蜂蜜一起吃的道理弄通，才去不吃，而在弄通之前胡吃一起，这也不是办法。这同愚民政策不是一回事，愚民政策是连大葱不能同蜂蜜一起吃这句话也不告诉人。你吃什么由他掌握，告你作甚？告你，你能掌握得了吗?

(《商君随记》)

孔子说过:"民可使由之,不可使知之。"(《论语·泰伯》)这句话,一百年来遭到中国知识界的百般诟骂。尊法反儒的人们把商鞅的愚民思想掩盖起来,揪住孔子的这句话不放。至于孔子的这句话意思究竟是什么,他们从来不细说。

(《商君随记》)

孔子这句话,最权威的解释,应该是孔子的后学们的解释。三晋的法家大都是子夏的学生,商鞅就是孔子的后学。商鞅说:"且夫有高人之行者,固见负于世。有独知之虑者,必见骜于民。语曰:愚者闇于成事,知者见于未萌。民不可以虑始,而可以乐成。"(《商君书·更法》)我以为,这是对"民可使由之,不可使知之"的最好的、最正确的解释。

(《商君随记》)

秦始皇说:"朕闻太古有号无谥,中古有号,死后以行为谥。如此则子议父,臣议君也。甚无谓,朕不取焉。自今以来,除谥法。朕为始皇帝,后世以计数,二世三世至于万世,传之无穷。"(《史记·秦始皇本纪》)这就是秦始皇的万世一系的伟大理想。这里的关键是"子议父，臣议君"，简单说，就是害怕后人议论，尤其害怕臣子的议论。

（《除谥法》）

这种恐惧心理，实在说来是够强烈的了。后来的历史家们写了许多文章，企图找出堂堂秦朝迅速灭亡（二世而亡）的原因，却没有人重视这种恐惧心理。其实，单就这种极度的恐惧心理来说，即在刚刚削平诸侯统一中国的时候它就已经灭亡了。这种在心理上精神上的灭亡是不可抗拒的，因为它发自内心，所以说是无法抗拒的。

（《除谥法》）

　　除谥法是不是就能杜绝后人的议论呢？当然不能杜绝。要想杜绝后人的议论，也就是杜绝恶评，只有一个办法，就是多行仁义。

（《除谥法》）

一方面是多行不义，另一方面又依靠强权杜绝恶评，这是不可能的。前半生多行不义，后半生多行仁义，行不行？只怕秦始皇没有这种本事。他不知仁义为何物，只知有强权，不知有公理，他怎么能半路上改弦更张呢？他依靠什么改弦更张呢？

（《除谥法》）

　　贪名也常常发生一些虚伪的名。但是，虚伪的名，也比真实的作恶好得多。所以，古人行事，但求心中坦然，"君子坦荡荡，小人长戚戚"。秦始皇者，小人也。古人即使做了错事，出了丑，丢了人，自己临死前有所悔恨，甚至要求给他一个恶谥。

（《除谥法》）

　　"子议父，臣议君"有什么不好呢？仔细想来，没什么不好。人过留名，雁过留声。名声好坏，由自己的行为决定。名就是中国人的信仰。

（《除谥法》）

　　中国古代可以说没有宗教，中国人信仰"三不朽"（太上立德，其次立功，再次立言）。中国人把名看得很重，甚至留给子孙一份好资产，不如留给子孙一个好名声。所以才有名节、名教……诸如此类的名目。

（《除谥法》）

　　《檀弓》写道："太公封于营丘，比及五世，皆反葬于周。君子曰：乐乐其所自生，礼不忘本也。古之人有言曰：狐死正丘首，仁也。"乐其所自生，就是不忘故国、不忘祖国。爱祖国，就是不忘本。这不但有教育意义，而且非常感人。

（《〈檀弓〉简评》）

儒家强调仁，究竟仁是什么？后世论者一直闹不清，抄过来抄过去，就是"仁者人也""仁者爱人"等等。如果按这里说的，仁就是一种崇高的爱，包括爱祖国，当然也有爱人的内容。连动物都有仁爱之心，人还有什么说的？

（《〈檀弓〉简评》）

不食嗟来之食，就是宁饿死也不让人践踏他的个人尊严，不让人当奴隶对待。这是士人觉醒的标志。这不是小问题，曾子却不当回事，说"微与"，不是什么大事……看来曾子是不会饿死的，不过，有的人宁肯饿死。

（《〈檀弓〉简评》）

王梦鸥译曰："别人家没有好声气地叫吃，当然是可以拒绝；但在道歉之后，也就可以吃了。"《檀弓》是很微妙的。它专门记载了"守约"的曾子的灵活性，多么深刻，多么有趣，多么发人深省。

（《〈檀弓〉简评》）

虽然这种缺乏灵活性的做法不可取，但是终于出了这种人，为捍卫自己尊严而死的人。虽然后世具有这种品格的人是越来越少了，但是在春秋战国时期这种人曾经很多。这样的民族是不会灭亡的。

（《〈檀弓〉简评》）

先秦田税制度中，有贡，有助，有彻。贡者，献也；助者，借也，借民力以治公田。至于彻是什么，孟子只说了一句"彻者，彻也"，经解家们一向众说纷纭，无从索解。彻法是奴隶制下的一种田税制度，它既不是合作的制度，也不是均分的制度。

（《彻法论稿》）

奴隶主与奴隶之间，既不能合作，也不能均分，这是毫无疑义的。"彻"是动词，其涵义是取，不是取来，而是取走，全部拿走，统通拿走，连锅端，是之谓"彻"。

（《彻法论稿》）

先秦田税制度中的彻法，具有三种不同的形式，而这三种不同的形式正好标志着彻法本身三个不同的发展阶段。第一是没有私田的集体耕作制下的古彻法；第二是在古老的井田制下的既有公田又有私田的老彻法。它是八夫一井的老助法的补充变通；第三是春秋变法取消公田以后的没有公田的新彻法，它是什一之税的新助法的补充变通。

（《彻法论稿》）

要说中国古典文化博大精深，莫过于《周易》。可以说三千年来，中国人不断在实践着、验证着两部古代伟大典籍，一是《周易》，二是《黄帝内经》。

（《博大精深的〈周易〉》）

周也者，周正、周密、周详、周游、周流、周边、周围、周而复始也。周之意大矣，不可不识也。

（《说〈周易〉之"周"》）

周而复始正是周易的根本精神，此不可不察也。它如周正、正道也，正见也，正人君子也……《周易》是正人君子的东西，卑鄙小人无法接近它，此不可不省也。

（《说〈周易〉之"周"》）

周有周边，周围之义，最需明确。事物相连处，就是它们的边沿，其小处即科学的相关联处，其大者，这就是"天人之际"，不可不精熟也。

（《说〈周易〉之"周"》）

自有文字以来，中国就已经是分田而耕了。分田而耕是农业的巨大进步。分田而耕的证明就是《孟子》说的"夏后氏五十而贡，殷人七十而助，周人百亩而彻"。

（《贡助概述》）

关于井田制，20世纪初期，人们开始持怀疑态度，说那只是孟老夫子的"乌托邦";后来又加以肯定,把它们想象成"棋盘状"。

(《贡助概述》)

天下到处都有土,而只有耕地叫作土地。土者,度也(土字音度),就是度量耕地,即分田而耕。《禹贡》说:"桑土即蚕,是降丘宅土。"《风俗通》引作"降丘度土"。降丘就是从山上搬下来,搬到较为平坦的地方来,从此开始了分田而耕。这是洪水滔天以后不久,大禹治水以后的事情。

(《贡助概述》)

井田又写作井地,又写作经地、耕地、土地,写成经野,画野分州,总之就是在地上画道道分田。所谓井田制,就是分田而耕的制度。

(《贡助概述》)

农业之初是一个家族或叫作大家庭集体耕作,农产品主要是粮食,由集体保管,一夫一妻的小家庭食用时自己去取。后来农业发展了,粮食便由小家庭保管,他们只向家族或叫公社,交纳一部分粮食。这是用于祭祖和战争的……这种交纳,就是"夏后氏五十而贡"。

(《贡助概述》)

再后来农业更发展了，便出现了公田和私田。一家一户的农夫按时到公田中劳动，公田收获归公，私田收获归己，这就是"殷人七十而助"的情形。

（《贡助概述》）

《诗》曰："雨我公田，遂及我私。"表明了在农夫农妇的心中最神圣的是公田，希望老天爷照顾我们的公田，然后我们的私田也稍沾雨露。

（《贡助概述》）

助者藉也，借民力以治公田。后来叫作"租"的，也是由"助"发展变化而来。这两个字的主要部分是"且"，这就是"祖"。在公田中劳动，其收获是为了祭祖。所以，农夫在公田中劳动的积极性非常之高。

（《贡助概述》）

春秋战国之际，最根本的变化就是去掉公田，改八夫一井为九夫一井。这就是鲁国"初税亩"的事情。《谷梁传》曰："初税亩者，非公之去公田而履亩十取一也。"史家说取消了公田都成为了私田，也就是土地私有民可买卖。于是得出结论说，从此奴隶制就转变为封建制了。他们算不清公与私的账。

（《贡助概述》）

井田制下有公田有私田，公也不是公，私也不是私。叫作公田的那块地里的作物成了叫作公侯的人们的真正的私；叫作私田的那些土地，依然属于公侯们所有。

（《贡助概述》）

取消公田，是八夫一井改为九夫一井；在公田中劳役的助法改为从私田中取十分之一的作物，所谓什一之税。这种税法仍然叫助，不过是劳役变成了实物（粮食），我称之为新助。这虽然是一个很大很重要的改变，但是仍然没有改变社会性质，这同土地私有制不是一回事情。

107

（《贡助概述》）

取消了公田以后，从私田抽税，也可以说把名义上叫做私田的土地都改成公田了。要讲本质，这就是本质。

（《贡助概述》）

《艺文志》在解释杂家时说："杂家者流，盖出于议官。兼儒墨，合名法，知国体之有此，见王治之无不贯，此其所长也。及荡者为之，则漫衍而无所归心。"……既然是"兼儒墨合名法，知国体之有此，见王治之无不贯"，那么，正确的说法应该是"通学"。

（《〈吕氏春秋〉论札》）

我猜想可能班固的什么尊长名"通"，故而十分忌讳这个字。他的私讳，忽然成了两千年来中国学人不可逾越的雷池，岂不可叹。我甚至想，后世之中国不乏各种专门人才，却极端地缺乏通学之士，恐怕都是因为这讨厌的"杂"字吧。

(《〈吕氏春秋〉论札》)

　　《吕氏春秋》是士君子文化的伟大创举，吕不韦为它付出了自己的生命。孔子删定《诗》《书》《礼》《乐》，作《春秋》，为后世确立大经大法，世称素王之事业。吕不韦观上古，察今世，为后世立法，作《吕氏春秋》，其与孔子之事业相同。

(《〈吕氏春秋〉论札》)

　　学者溺于所闻，加之重农轻商的积习，以及封建道德的重负，两千年来，使人们不能全面地认识吕不韦。最后城门失火殃及池鱼，连《吕氏春秋》也受了连累。

(《〈吕氏春秋〉论札》)

　　一提到《吕氏春秋》，就服从班固，称之为"杂家"。班固是否读过《吕氏春秋》，不得而知。但是"杂家"之名目，却是专为《吕氏春秋》而设的。"杂"，令人想起杂种、杂凑、杂俎、大杂烩等等。

(《〈吕氏春秋〉论札》)

无论是编什么"史"、什么"选",也轮不到《吕氏春秋》的头上……摘引家们也只是胡乱摘引来填充自己的文章,至于《吕氏春秋》对先秦学术的取舍,以及其中的重大意义,则无暇思之,甚至连《四库全书总目提要》指出的取舍原则也置之不顾。

（《〈吕氏春秋〉论札》）

《四库全书总目》说:"不韦固小人,而是书较诸子之言独为醇正。""独为醇正",想来绝不是贬义吧?但是"不韦固小人",这就是结论,看来是永世不得翻身了。

（《〈吕氏春秋〉论札》）

侯外庐在谈到《吕氏春秋》时说:"叫他杂家,一点也没有冤枉他。"（见《中国思想通史》）看来是一直着意在贬损了。其实,史家们连班固的《艺文志》也没有仔细看。

（《〈吕氏春秋〉论札》）

说《吕氏春秋》是道家,远比说《吕氏春秋》是阴阳家更有根据。不过,我仍然觉得有所不妥。若以人名出现次数计算,老子出现五次,庄子出现二次,列子出现三次,而孔子出现次数为全书之冠,三十九次。尧三十八次,舜三十七次,禹三十次,汤三十四次。出现三十次以上的就这五人。周文王二十一次，周武王二十九次，周公十八次。出现二十至二十九次的有：周文王、周武王、商纣王、齐桓公、管仲，共五人。出现十至十九次的有：三王、五帝、神农、黄帝、周公、晋文公、吴起、鲍叔、楚庄王、伊尹、太公望、伍子胥、墨子、周公，计十四名。其次，值得一提的是，孔子的学生出现的有：颜回三次，子贡九次，曾子五次，子路三次，子夏五次，巫马期三次，比道家人物为多（详见杨坚点校，岳麓书社出版《吕氏春秋》书后所附"人名索引"）。这样看来，只能说《吕氏春秋》是儒家。当然这只是从形式上、人名出现的次数上看，确实如此，若从思想内容上看，则更是如此。

（《〈吕氏春秋〉论札》）

所谓黄老道德之学，也和其他任何学说一样，看谁来运用，看怎么运用。如果一切从统治集团的私利出发，它就有可能变为专制独裁的帝王之学，或仅仅叫作帝王之术或说霸道。如果从人民大众的利益出发，一切以爱民利民为原则，不是在口头上，而是真正做到"民为贵""民为邦本""天下非一人之天下，乃天下之天下也""天听自我民听，天视自我民视"……那么它就不会变成帝王之学，而是仁学、仁政、王道之学。

（《〈吕氏春秋〉论札》）

《吕氏春秋》全面地继承了孔子、孟子以及其他先秦诸子和经典中的民本思想。它不像《孟子》那么激烈，却是同样的深刻；它不像《左传》那么奇瑰，却是同样的明确。它不像《周礼》《礼记》那样自成体系，然而却是切实可行。

（《〈吕氏春秋〉论札》）

在《吕氏春秋》中，商鞅的名字出现三次，荀子的名字出现一次，韩非的名字未曾出现。《吕氏春秋》在提到商鞅时，未有一字谈到其变法的内容和效果，却在《无义篇》中详细地记载了商鞅欺骗公子卬的事情，以及秦惠王即位后商鞅逃亡后有造反的事情。可以看出《吕氏春秋》对商、韩是抱批判态度的。

（《〈吕氏春秋〉论札》）

不要忘记《吕氏春秋》是在秦国编撰的，并且是在秦国因商鞅变法而空前强大的时候编撰的。在这样的时间、这样的地点，居然一字不及变法之事，却在人格上、品行上极力地贬低商鞅，这是很不容易、很不简单的。

（《〈吕氏春秋〉论札》）

我们看清了一个重要问题，这就是黄老道德之学必须同法家的理论，具体说就是商、韩的理论结合起来，它才能真正成为帝王之学，或说帝王之术。汉宣帝所说的"王霸杂之"的东西，正是这种外儒内道的帝王之术。

（《〈吕氏春秋〉论礼》）

《吕氏春秋》不仅有明确的写作时间，有明确的时代背景，而且有具体的针对性，这在先秦诸子中，是绝无仅有的。《吕氏春秋》不仅是集先秦思想之大成，"较诸子为醇正"，而且其中一字一句的可信度，也是百分之百的。可以说除《十三经》之外，《吕氏春秋》是先秦最伟大的著作。

（《〈吕氏春秋〉论礼》）

《礼记·表记》曰："殷周之道，不胜其敝。"治聋致哑，越治病越多，最后不可收拾。孔子叹道："后世虽有作者，禹帝不可及也已矣。"孔子的慨叹是如此之深，正说明了他抱有这种伟大理想，即尧舜时候的清明的政治。

（《〈吕氏春秋〉论礼》）

在古代的农业社会中，血缘纽带是极为重要的。不承认这一点，或者极力否认这一点，是极端错误的，因为他有悖于古代社会生活的实际情形。儒家的礼、礼法、礼教，包括婚丧嫁娶社会交往的习俗和制度，正是建立在血缘关系之上的。

（《〈吕氏春秋〉论礼》）

城市国家产生以后，市井之中，姓氏混淆，各有各的血缘关系，互相之间朋友相待，"四海之内皆兄弟也"。只有儒家的礼教，能够充分地把人们凝聚起来。

（《〈吕氏春秋〉论札》）

但是"亲亲"自有"亲亲"的缺陷。它不能保证自家的子弟们都是才德兼备之士，这就以"尊贤"来予以补充。虽有这种补充，亲亲仍是基本原则。所以西周至春秋时期，很明显的事实是异姓诸侯逐渐强大，而同姓诸侯则在不断的衰落中。所以李克叹道："私胜公，衰政也。"

（《〈吕氏春秋〉论札》）　113

我认为"仁者无敌"，当是自古相传的古语……至少说，20世纪一百年间，没有人用过这一成语。如果有人用这个成词、成语，就会发觉《十三经索引》的缺失。但，没有发现。《十三经索引》从30年代到90年代多次印刷，多次修订，但，没有发现，没有修订。于是，我查了谭嗣同的《仁学》，果然，他书中没有"仁者无敌"一语，也没有类似的话语。

（《平旦札》）

"仁者无敌"，这是一句妇孺皆知的古语，不用解释，毋庸置疑。这么重要的古语，古代成语，居然各种辞书和索引都不见踪迹，这问题严重了。诺大中国，如此众多的学者，竟然丢失了最重要的成语，最成熟的思想，最高级的真理，如何了得。

（《平旦札》）

知识分子们总是在文本里讨生活，在文本里作祟，翻过来，掉过去，书面文字而已，甚至抱住《说文解字》不放，也是不可救药。学问越大的人越是如此。

（《平旦札》）

仁者人也，仁者爱也，仁者爱人也……没完没了。最近，有了新的解释，仁者二人也，二人即人际关系。比较说来，这就进了一步，不怎么死钻文本了。然而，在我看来似乎还有隔膜，还没有真正抓住根本。要我说，仁者二人也，二人者夫妇也。

（《平旦札》）

夫妇不是一般的人际关系，是爱的结合，是感情，是道德，是天地之大经大法，是阴阳之和合，是万物之根本，世界之滋始……有了夫妇，才有子女，才有兄弟，才有家庭，才有亲戚，才有朋友，才有国家，最后才有君臣，才有所谓的天下。没有夫妇，这一切都不可能产生。这就是"造端乎夫妇"的端（《中庸》）。这中间最重要的是亲戚。

（《平旦札》）

二人者夫妇也，夫妇者二姓也。同姓不婚，自古而然。所有的婚姻都是异姓，许多的婚姻就组成庞大的异姓群体，这就是氏族联盟或叫作部族（部落联盟），这就是上古的所谓国。

（《平旦札》）

古者天下万国，恐怕不只一万吧……周天子会见诸侯，同姓一律称叔，异姓一律称舅（不论辈分，也不管是否结过亲），这就是周天子的天下观。

（《平旦札》）

所以"以仁为己任"，也可以写作"以天下为己任"。如此就成了：仁者二人也；二人者，夫妇也；夫妇者，异姓亲戚也；异姓亲戚者，天下也。也可以说，仁者天下也，或说天下者仁也。

（《平旦札》）

"君子之道，造端乎夫妇，及其至也，察乎天地"（《中庸·第十二章》），"归妹，天地之大义也。天地不交，万物不兴。归妹，人之终始也"（《周易》），仁就是天下。

所以"以仁为己任"也就是"以天下为己任"。

(《平旦札》)

顾炎武说"天下兴亡，匹夫有责"。在某一件重大的事件之后，没理有枪，强权战胜了公理。这就要问，强权始终能战胜公理吗？曰不能，那么，这就证明了"仁者无敌"。天下同国家不一样，顾炎武分得很清。

(《平旦札》)

伯夷叔齐除了叩马而谏，确实是没有什么了不起的英雄行为。不过，叩马而谏可不是什么简单事情，其主旨是反对以暴易暴。这种大仁大勇，正是后来儒家所倡导的以仁为己任的伟大精神。

(《平旦札》)

五帝，以尧舜为首，开创了礼乐文明，泰伯三以天下让，古风悠然。而七十列传以无所作为之伯夷为首，后人多有不知其意者。尤其唐玄宗，颇带革命激情，硬把《老子列传》定为七十列传之首，又不要韩非。他以为历史可以修改，历史名著也可以任自己随便胡乱定之。

(《平旦札》)

历史上充满了千奇百怪的偶然事件，一切偶然事件都产生于事物的相关联之处、边沿之地。这也就是"人心惟危，道心惟微"的意思。

（《平旦札》）

公字从口，画一张嘴，上边留着两撇小胡子，这就是公侯的公。有了公侯，才有公有。

（《平旦札》）

以暴易暴，以武力夺取王位，在一般人看来是光荣业绩，在伯夷叔齐看来是耻辱，是罪孽，这不是很容易理解的吗？

（《平旦札》）

当伯夷叔齐叩马而谏的时候，"左右欲兵之，太公曰，此义人也，扶而去之"。这个时间，周公旦是否在现场，史无明文，不好猜度。我猜想，假若周公在场，就有可能劝武王接受伯夷的谏言，停止伐纣。不过也不一定，周公比他哥哥聪明得多，正因为如此，他或者反而不敢谏止伐纣。

（《平旦札》）

武王老了，不久于人世了，而他的儿子又年幼无知……虽然这么说，我仍然相信，周公会充分了解伯夷叔齐的以仁为己任的伟大精神。他有可能想出办法来，使武王下了这个台阶，并从而免去他后来的东征之苦……不过也难说，人的智慧再高，也算不出眼前的历史变化来，历史太复杂了，太变化多端了，太不可思议了。

（《平旦札》）

狐狸，不管他走多远，到它死的时候，它的头总是向着它出生的那个山丘，这就是仁。究竟仁是什么，学生不动脑筋，总是问先生，希望孔子给一个简单明了的界定，以便他们的简单头脑容易记忆。面对着这些懒惰的学生们，孔子偏不给出什么简单的定义……你们看着办吧。然而古之人有言曰，狐死正丘首，仁也。能懂吗？好懂吧，再不懂就没法了。

（《平旦札》）

118

孔子曰："以直报怨，以德报德。"直是什么？不管经解家们怎么说，直就是清算。虽然眼前的小小的"幸福"仿佛可以掩盖什么似的，其实，什么也掩盖不住，白搭，血债血还，天道尚圜。

（《平旦札》）

当然，清算也有各种各样的算法，罪恶有罪恶的账，仇恨有仇恨的账，只怕不算，不怕算不清。这就是孔、子的正义，这就是孔子的正直，这就是孔子的正气。

（《平旦札》）

目前提倡"国学"，这些教授们一下子都跳出来，都成了"国学大师"。真正国学大师的书，如二十世纪二十年代的几位学者的书，他们看都看不懂，恐怕根本就没看过，却抢先戴上"国学大师"的头衔，别人还能说什么。

（《平旦札》）

杨伯峻的《论语译注》将"去兵"译作"去掉军备"，将"去食"译作"去掉粮食"……子贡所谓"必不得以"者是指什么，这里应该想清楚。国有大故，面临灭亡，无非一，战争；二，饥荒。孔子既然说"去兵"，可见不是战争，这肯定是灾荒。关于灾荒，《周礼》有明文，各朝各代都有具体措施，不外是免除捐税，朝廷减少开支。怎么免，孔子说"去兵""去食"，可见这"去兵"是免除"军赋"，而"去食"则是免除"田税"。

（《足食足兵释义》）

孔子主张"丘赋"，不同意"以田赋"。鲁国没有听孔子的，致使军赋之征骤然增加十多倍。《左传》中遇有战事，张口闭口的"敝赋"就是指军队，可以看作是军备。但《论语》此语却不能直接译作"去掉军备"，引申义不能冒充本义，应该译作"去掉军赋"。

（《足食足兵释义》）

至于"去掉粮食"就更不好理解了。怎么能去掉粮食呢？难道是火烧粮店，不准种庄稼？莫名其妙。杨伯峻糊涂，跟着杨伯峻说的学者们，哪位先生给我解释一下，什么叫"去掉粮食"，怎么"去掉粮食"？这没有实行的办法，无法操作，因为它处于常情常理之外。

（《足食足兵释义》）

第六辑　文化漫谈

你如果想成为一个真正的书法家，你就要首先成为一个文化人。你如果想成为一个真正的文化人，除了读书再没有别的方法。

——林鹏《蒙斋书话》

在文学上我反对玩弄技巧，这个主义，那个主义，陷没在永远说不完的公式化、概念化的泥沼中……我主张平铺直叙，不留悬念，不卖关子。

（《咸阳宫》后记）

《咸阳宫》服从基本的历史事实，没有什么叙事技巧可言，在情节上没有武打，没有性爱，没什么吸引人的描写。但是，只要是对历史有兴趣的人，只要是一个善于思考的人，就能看得下去。

（《咸阳宫》后记）

一个音乐，一个诗歌，这东西瞒不了人，做不得假。这不是力气换来的，更不是钱换来的。它是天才的产物。狂草比音乐和诗歌还要挑剔得多，它是非大天才不可。

（《狂草狂言》）

要写好汉字，必先认识汉字，认识汉字的特点和优点。

（《书法的本源》）

外国人不懂得中国的音韵学，就像中国人不懂得外国的神学一样。因为他们本土没有这种东西，所以对此无法想象。

（《书法的本源》）

汉字给书法提供了坚实的基础，书法给汉字增加了无穷的魅力。

（《书法的本源》）

"写字"一词，它本身就表示得很清楚。写也者，发泄也，宣泄也。"驾言也游，以写我忧"；"既见君子，我心写矣"（《诗经》）。"写"之一字，就把"书，心画也"的道理都说清楚了。

（《书法的本源》）

虽然书法中也包括着一些技术、技法、技巧一类的东西，但是它们在书法艺术创作中所占的比重是微乎其微的。有法以入，无法以出。法是从有到无，有法至无法。

（《蒙斋书话》）

大家和小家相比，他们的差别不在技法上。固守技法，卖弄技法甚至不厌其烦地鼓吹技法的人，永远都是小家。它们除了技法再没有任何别的东西。最终连他们所谓的技法，也是僵死的、陈腐的、令人不能忍受的。

（《蒙斋书话》）

书法、篆刻怎样反映生活？莫名其妙。然而它是可以反映社会生活的，是能够反映社会生活的，此虽小道，颇有可观，它所反映的是一种独特的文化氛围。

（《蒙斋书话》）

孔子说："吾党之小子狂简，斐然成章，不知所以裁之。"这是狂的第一层，最低的一层，就是比较自信、比较骄傲、自高自大等等。第二层是"老夫聊发少年狂"，那不是真狂，"聊发"而已……有人写字，末了题着"某某醉笔"，其实，何尝醉过。第三层是颠狂，就像米颠那样的人。注意，是人……到第四层，就是真的疯颠了，如徐渭一样。他是真正的天才。

（《狂草狂言》）

书法的本源是汉字，是汉字所代表的中国古代的学术文化，以及它们对现实生活的意义。它也是一种态度、一种反思、一种认识形式，只不过同别的艺术门类相比，书法显得更传统、更特殊、更曲折隐晦一些罢了。

（《书法的本源》）

毛笔写字的书法，其关键是执笔法，而执笔法的基础是筷子。

（《书法的本源》）

毛笔到处都有，单钩法各个民族都会。只有双钩法，笔管前有两个指头，食指和中指，才能使笔管直立起来。只有使用筷子的民族，才有双钩法。

（《书法的本源》）

　　书法作品中有清气，有浊气，分别极大，一见之下便可感知。清气令人喜悦和振奋，浊气令人沮丧和压抑。这是人的气质造成的。要解决这个问题，必须改变人的气质。

（《书法的本源》）

　　汉字的奇特之处还在于它不仅是语言的记录，而且它还能矫正语言，因为它既有音又有义。

（《书法的本源》）

　　朱熹说："读书可以改变人的气质。"（《语类》）朱熹所提供读的书，大概不会是武侠小说吧！这又回到前面谈的深入研读古典学术的问题上来了，不可否认，这是个根本性的问题。

（《书法的本源》）

　　无论古代的中国幅员多么辽阔，五方土音多么复杂，成于周公、孔子及其门徒之手的《尔雅》一书，就奠定了普通话的基准。

（《书法的本源》）

汉字是世界上最明白、最确切、最精练的文字。在联合国工作的人说，中文最精练，所有的文本中最薄的那个就是中文。电脑打字机和排印机的发明和推广，使人们发现汉字在电脑处理中最为方便。

（《书法的本源》）

夏商周三代有各种盟会，孔子周游列国，后来又合纵连横，说客遍天下，他们都不带翻译，可见言语声音已有准则。

（《书法的本源》）

《论语·述而》："子所雅言，诗、书、执礼，皆雅言也。"这说明孔子平居说鲁国方言，讲解《诗》《书》的时候和祭祀中赞礼的时候，说的是雅言，即普通话。

（《书法的本源》）

《诗序》："雅者，正也。"郑注："读先王典法，必正言其音，然后义全。"古代有读法的制度，宣读法典命令，不准用方言土音，可见普通话早已存在。

（《书法的本源》）

这就像一个老年工匠迷失在他毕生摸索的诀窍中一样，所以他最终也仅仅是一个工匠而已。

（《传统的觉醒》）

技法只是个人的摸索，理论只是个人的体会，它们是千差万别的，是百花齐放的。而传统只有一个，它属于整个中华民族，它是我们祖先所创造的"这个文明"。

（《传统的觉醒》）

他们说汉字没有时代气息，不符合我们的时代精神，例如带女字旁的字里面有很多是侮辱女性的字等等。我认为，他们并没有充分地说清他们的理由。因为他们的思想都是几十年前接受的洋人的思想，经过几十年的艰苦实践以后，他们已经无法说清它了。

（《书法与汉字》）

目前世界上不使用图形文字而使用拼音文字的国家很多，他们存在或曾经存在过的不尊重女性的问题，是由文字造成的吗？要想解决尊重女性问题必须从文字着手吗？武则天不仅当了女皇帝，而且创制了许多新汉字，在这方面她解决了什么问题呢？

（《书法与汉字》）

如果在每一个汉字上面都明显地标示出我们本时代的先进思想，那么，下一代或下五代，他们肯定会比我们的思想更先进，他们怎么办？再创制一套新汉字吗？

（《书法与汉字》）

于邺说："从女之字多与从心之字同。""从女即从人"，他们只想改革汉字，却不想多认识几个汉字。他们总是希望革命要彻底再彻底，而实际上能做的只是在某些事物上加个"革命"的标签而已。

（《书法与汉字》）

那些新崭露头角的书法家，总是一开口就是我临习了什么什么，我师承某公某公，这都是很自然的。至于如何执笔，如何使转，也尽在不言中了。津津有味不厌其烦地谈论那些琐碎技法，最终都要迷失在技法中，以至连技法是什么都不知道了。

（《书法与汉字》）

在艺术上，人们往往强调"天才"，殊不知天才也是积累的结果，就像花是叶的积累一样。这里有一个突变的现象，叶经过长时间的积累终于变成了花，这个突变，就是觉悟。

（《傅山的时代及其风格》）

书法是感情状态的自然流露，道法自然，听其自然，各正性命。得之于心而应之于手，握管使锋，逐毫而应，不过就是尽情挥洒而已。

（《傅山的时代及其风格》）

他们敢于正视现实的污浊，敢于同污浊的现实对抗，敢于独立思考，敢于使观点服从材料，敢于坚持自己独特的政治观点和艺术观点，不低头，不妥协，不作眼前名利之想，也就是说，不图尽快出售。这就是那些身在山林的书法家们无比优越的地方。

（《傅山的时代及其风格》）

在书法上，尤其是狂草，在笔墨之间、挥洒之际，完全是靠兴致、心情、性灵等等。这里没有可供采摘的东西。也可以说："书，心画也。"正因如此，傅山不喜欢当着人写字。

（《傅山书法评传》）

130　　有的人为了得到他（傅山）的真迹，立逼当面动笔，此时心中极不舒服。所以傅山说："当人作者，无一可观。"当然更不要说当中"表演"了。

（《傅山书法评传》）

草书艺术所要求的是优美的线条。正如并非所有的声音都是音乐一样，并非所有的线条都是优美的，有的线条生动灵透，有的线条呆板僵硬。所以古人在形容草书线条时使用了"自振""坐飞""出林""入草"所包含的蕴意，就是自然。

（《傅山草书漫谈》）

任何技艺都服务于人生，因此任何技艺的极致，都通向哲学和政治。从庖丁解牛悟出养生之道，又从养生之道悟出为政之道，这样的例子不胜枚举。

（《傅山草书漫谈》）

一些雕虫小技，同样可以造就许多名家，其中那些比较独特的人甚至成为大师。这些人在初见成就之后，进而又成为学问渊博的人，甚至由诗人、小说家、戏剧家，最后成为科学院士。

（《傅山草书漫谈》）

他们的学问越渊博，成就便越多、越大，于是也就越是接近哲学和政治。在中国古代，琴师、画师、俳优、滑稽，往往直接走向或进入哲学和政治的领域。

（《傅山草书漫谈》）

草书有似于音乐，主要在于韵味，即"才情气味"。例如声乐，一张嘴就是有味道正不正的问题。再如器乐，"未成曲调先有情"。

（《傅山草书漫谈》）

音乐的韵味是令人难忘的，所谓"三月不知肉味"。但是即使三个月，总归还能成为过去，而草书条幅往往还挂在壁间，让人长时间品味。老实说，一般的水平是经不住长时间品味的，这就是草书的难处。

（《傅山草书漫谈》）

我主张二三好友，茶余酒后，高谈阔论，乘兴挥毫。写字这事，本来就是骚人墨客们的余事。不可看轻，也不可过于看重。它同名利，相距十万八千里。你看着好，你就拿去；不懂的人，花钱我还不卖。这正是文人的骨气。这点酸劲，也是本性使然，学也学不来。

（《蒙斋书话》）

有人说，太阳底下没有新事物；也有人说，每天的太阳都是一个新太阳。都有道理，都不尽然。我比较倾向于后一种观点。所以在书法上用不着什么创新。书法的面目同人的面目一样，千差万别，无法一致。

（《蒙斋书话》）

"作字先作人"的另一层意思是，你在费尽心思创作出一幅美好的高水平的字的同时，先用心创造出一个美好的高水平的自我。如果你是一个名利心很重，甚至迫不及待的人，你的字里也有一种装腔作势和骄躁不安的情绪。明眼人一看便知，这瞒不了人。

（《蒙斋书话》）

当你情绪不好的时候，你千万不要写草书。但是，当你情绪最坏的时候，你最好是写草书，特别是狂草。慷慨激昂，满腔悲愤，一泻为快。那种满纸云烟，笔墨狼藉，不知所以然而然的气象，实在令人振奋。当时你甚至觉得写坏了，过后一看，实在妙不可言。

（《蒙斋书话》）

山西人不简单，随你历史情况如何，他们尊重自己的乡贤，念念不忘窦大夫。赵简子的祠堂在哪里？没有。乡民们到现在只知道有个窦大夫，不知道赵简子何许人也。

（《窦大夫祠观感》）

书画篆刻，只不过是骚人墨客们的游戏而已，原不是为出名，为了赚钱，为了这个那个。它是漫无目的的，一有所为，这就是多余了。

（《蒙斋印话》）

小小图章，方寸之地，讲究特多……章法，既要缜密大雅，又要疏能走马密不透风。还要有笔犹有墨，同画画一样，见笔见墨。犹有墨，不是真有墨，而是仿佛有墨气的样子。

（《蒙斋印话》）

书法艺术像鱼儿一样在传统文化中涵泳，自由自在，生动活泼。有人提出"创新""出新""要跳出去"。鱼一跳到岸上，完了！

（《平旦札》）

小学语文课本一编再编，一改再改，八十年来无一善者……倒是改成了老百姓口边的话。没有想到的是，老百姓并不欣赏自己口边的话，老百姓希望自己的儿孙能够通达事理，所谓知书识礼。其实白话用不着教育，也用不着推行。

（《平旦札》）

一个小孩子，十二岁前，无论如何要把《四书》背会。一个大人也一样……孩子背《四书》，不求理解，但求背会，能上口，滚瓜烂熟，用不着强调理解。

（《平旦札》）

士君子是中国古典文化的骨干，这就使中国古典学术文化得以延续，从而也就决定了仁者无敌。

（《平旦札》）

我对书法的很多想法，同我对政治哲学和历史哲学的想法是一样的。即人类是在不断地前进，而同时又不停地向后看。

（《传统的觉醒》）

　　古人号称"学富五车"，其实五辆牛车所拉的竹简并不是很多。现代人需要读的书，铅印，影印，只怕五辆汽车也拉不完。相比之下，古人所背的历史文化遗产的包袱要小得多 。

（《傅山与褚临〈兰亭〉墨迹》）

　　古人仿佛在山野间行进，一抬头就可以看清目前的山川大势，所以不大容易走错。他们虽然披荆斩棘，艰苦异常，但是他们只要勇于跋涉，总能攀上一个山冈，然后登高一望，眼前豁然开朗。今人走的是平原上的坦途，大路小路，纵横交错，如网如罗，非常容易走错。

（《傅山与褚临〈兰亭〉墨迹》）

　　无论书法，还是国画，在正式创作中使用墨汁是不严肃的，不适当的。我把墨汁比作剩稀饭，例如小米稀饭，新熬出来的，和昨天剩下今天热一热的，其味道截然不同。

（《穿椎一得录》）

蒙斋诗草

打油诗

吊儿郎当小八路[1]，自由散漫一书生[2]。
命中注定三不死[3]，胡说八道老来风。

---

[1]作者生于1928年，1944年中学毕业到边区工作，从此走上革命道路，时年16岁。

[2]林鹏《平旦札》："三十岁转业地方，开始发愤读书。"

[3]林鹏《丹崖书论》："我经历过三个战争：抗日战争、解放战争、朝鲜战争，没有被打死，困难时期没有被饿死，一系列的政治运动没有被整死。"

回乡述怀

书剑飘零①四十年，归来依旧老山川。
项上得脑②今犹在，肚里初心③已茫然。
丹心碧血④成底事，白发青山两无言。
小子狂简⑤归来晚，尚有余力缀残篇。

---

①书剑飘零，典出王实甫《西厢记》一本一折："小生书剑飘零，功名未遂，游于四方。"

②得脑，方言，脑袋。

③初心，本意。晋干宝《搜神记》卷十五："既不契于初心，生死永诀。"《华严经》："不忘初心，方得始终。"

④丹心碧血，典出《庄子·外物》："苌弘死于蜀，藏其血，三年而化为碧。""白发青山"，典出南宋周密《高阳台·寄越中诸友》："白发青山，可怜相对苍华。归鸿自趁潮回去，笑倦游、犹是天涯。"

⑤小子狂简，语出《论语·公冶长》："吾党之小子狂简，斐然成章，不知所以裁之。"朱熹《四书集注》："狂简，志大而略于事也。"

赠老妻

人生七十古来稀，今到八十未觉奇。
回首望去风吹雨，低下头来水和泥①。
平生晦气因识字，半世征程最堪疑。
刀山火海悄悄过，险些丢掉老头皮②。

---

①水和泥，典出元代书画大家赵孟頫和他妻子管道升的故事。管道升有诗："把一块泥，捻一个你，塑一个我。将咱两个，一齐打破，用水调和。再捻一个你，再塑一个我。我泥中有你，你泥中有我。"

②老头皮，最早见于苏轼《东坡志林》卷六："更休落魄耽杯酒，且莫猖狂爱咏诗。今日提将官里去，这回断送老头皮。"后林则徐引用了这个典故："戏与山妻谈故事，试吟断送老头皮。"

渡 易

驱车渡易水犹寒[①]，关河壮丽在目前。
昔日狗屠[②]今何在，儿女英雄尽茫然。

---

①荆轲《易水歌》："风萧萧兮易水寒，壮士一去兮不复还。探虎穴兮入蛟宫，仰天呼气兮成白虹。"见于《史记·刺客列传》及《战国策·燕策三》。

②狗屠，以屠狗为业者，亦泛指从事卑贱职业者。《史记·刺客列传》："荆轲既至燕，爱燕之狗屠及善击筑者高渐离。荆轲嗜酒，日与狗屠及高渐离饮于燕市。"韩愈《送董邵南游河北序》："为我吊望诸君之墓，而观于其市，复有昔时屠狗者乎？"

《赠老妻》，林鹏书

《渡易》，林鹏书

登 陀

砍柴登上棋盘陀^①，背柴下山如背陀。

八十年来糊涂过，一步一峰一嵯峨^②。

---

①棋盘陀是河北保定易县狼牙山的主峰，在通往主峰的一处悬崖旁有块天然形成的酷似棋盘状的岩石，约三尺见方，石面纹理纵横。传说孙膑与其师鬼谷先生常在此布棋为乐，棋盘陀由此而得名。

②嵯峨，山高峻貌。《楚辞·淮南小山》："山气宠苁兮石嵯峨，溪谷嶄岩兮水曾波。"唐唐彦谦《送许户曹》诗："将军楼船发浩歌，云樯高插天嵯峨。"

《登陀》，林鹏书

访双峰书院^①

五公山下路，一直到双峰。

征君^②祠堂在，父老说孙公。

残碑有文字，文献足可征^③。

河流称易水，山谷是宽中。

长城征战地，隐士得偷生。

师弟讲学处，老树荡春风。

吴兄行吟罢^④，归来乐融融。

二〇〇二年春日同吴占良一起访问双峰书院记事也。

---

①本诗作于 2002 年回乡省亲之时。当时由同乡好友吴占良陪同，一起寻访了双峰书院。

②征君，指双峰书院的主人孙奇逢。孙奇逢（1584—1675），明末清初理学大家，晚年讲学于河南辉县夏峰村二十余年，从者甚众。后世也称他为孙夏峰。明亡后，清廷屡召不仕，后人称其为孙征君，与李颙、黄宗羲齐名，合称"明末清初三大儒"。在《清史稿·儒林传》中，孙公名列首位。

③《论语·八佾》："子曰：'夏礼吾能言之，杞不足征也；殷礼吾能言之，宋不足征也。文献不足故也。足，则吾能征之矣。'"朱熹《四书集注》："征，证也。文，典籍也。献，贤也。"

④二人同游，吴占良先生一路行吟。

辛未中秋有感

月出东山①当头照，八月十五见容光。

农业社会柔如水，载舟覆舟②大文章。

仁者无敌③仁者寿④，仁者爱仁⑤道路长，

仁同此心心同理⑥，不看冠冕自堂皇。

随口说来随口事，此心此理此张扬。

①苏轼《前赤壁赋》："月出于东山之上，徘徊于斗牛之间。"

②《荀子·王制》："《传》曰：'君者舟也，庶人者水也。水则载舟，水则覆舟。'此之谓也。"

③《孟子·梁惠王上》："故曰：仁者无敌。王请勿疑。"

④《论语·雍也》："知者乐水，仁者乐山。知者动，仁者静。知者乐，仁者寿。"

⑤《孟子·离娄下》："君子以仁存心，以礼存心。仁者爱人，有礼者敬人。"

⑥陆九渊："人同此心，心同此理。往古来今，概莫能外。"（《年谱》，《陆九渊集》卷三十六）

俚句之一

梦里家山梦里人，山上人家山下村。

秀才老去不开眼，侠士归来未称心。

春花扬柳风飘絮，不思不想欲沾巾。

俚句之二

万里征战后，不知我何求①。

未死心踏地，先老气横秋。

夜长不寐被褐起②，一声鸡唱③月如钩④。

---

①《诗经·王风·黍离》："知我者谓我心忧，不知我者谓我何求。"

②阮籍《咏怀》其一："夜中不能寐，起坐弹鸣琴。"

③曹组《青玉案·田园有计归须早》："一声鸡唱，马嘶人起，又上长安道。"

④李煜《相见欢》："无言独上西楼，月如钩。寂寞梧桐、深院锁清秋。"

俚句之三

天从人愿天作孽，民心向背民何求。
出门静看东流水，不论成败以千秋。

俚句之四

春风春雨愁未消，绿水青山得逍遥。
一路山花看不尽，倒骑毛驴①过野桥。

---

①相传八仙之一张果老倒骑毛驴而行。诗人墨客常用此典故，表达豁达洒脱的情怀。陆游《闭户》："徇俗不如翻著袜，爱山只合倒骑驴。"赵秉文《龙山怪松》："自笑书生骨相穷，倒骑驴看两三峰。"《声律启蒙·六鱼》："弄笛小儿横跨犊，吟诗骚客倒骑驴。"

《俚句》一首，林鹏书

《俚句》一首，林鹏书

俚句之五

历史真相古难寻，七嘴八舌语无伦。
百丈洪峰劈头下，谁是水底清醒人？

俚句之六

蒙平东丹咸阳宫，五噫梁鸿发五声。
陆游晚年不得志，闹得林鹏老来风。

俚句之七

蒙生蒙养蒙是我，我思我想我是蒙。
昏天黑地蒙不已，老来得名叫老蒙。

韩石山先生从旧货市场购得"老蒙"二字名章一枚，
并以此见赠，非常高兴，十分感谢，遂有此俚句之诌，书
之呈请韩先生哂正。

《俚句》二首，林鹏书

读书之一

顺水^①东山下，祖辈小茅屋。

出个识字人，偷看未烧书。

诗书百家语，秦皇不准读^②。

呜呼且垂老，又建四库庐。

---

①南管头村面对东山，也叫半壁山；村前一条河叫徐水，也叫顺水，紧靠东山流下。《水经注》："顺水，盖徐水之别名也。"作者有印曰"顺水林鹏"。

②司马迁《史记·秦始皇本纪》《史记·李斯列传》，李斯谏曰："臣请史官非秦记皆烧之，非博士官所职，天下敢有藏《诗》《书》、百家语者，悉诣守尉杂烧之。有敢偶语《诗》《书》者弃市，以古非今者族。"秦始皇曰："可。"

③韩石山《林鹏先生》一文记事概略："前些年（2007），某出版社出的一套《四库全书》，定价十几万，打对折也得七八万元……靳老板是厚道人，促销的手段也极厚道，就是，谁要买了他的书，一定送货上门。林先生听说有《四库全书》，改天就去了。付过款，临走时留下一个纸条，写着地址。纸条上写的是：河北易县南管头村。靳老板没办法，不，应当说是，心甘情愿地，雇

了个客货车，奔驰数百里给送过去。一套《四库全书》，为什么一定要送回老家呢？原来，前两年，林先生在老家建起一个不能算小的宅院，正房两层楼，辟出一间专放图书。放的不少了，还是空荡荡的，早就存心要买套大套的丛书，踅谋几年，大套的丛书，莫过于《四库全书》。《四库全书》摆起，果然气派。"

读书之二

世纪风雨吊诡多，图书万千一回穴[①]。
认真读去终觉浅[②]，仔细想来不好说。

153

---

①回穴，风势回旋不定貌。引申为变化无常。《汉书·叙传上》："畔回穴其若兹兮，北叟颇识其倚伏。" 颜师古注："回穴，转旋之意。"

②陆游《冬夜读书示子聿》："纸上得来终觉浅，绝知此事要躬行。"

《读书》一首，林鹏书

《读书》一首，林鹏书

读书之三

天下大道多歧路，迷途知返时已暮。
白首一言公无渡[①]。公无渡，公无渡。
枯鱼过河[②]泣谁诉。
读书有感一则，聊为不忘耳。

---

①"公无渡"即"公无渡河"，又作"箜篌引"，《相和乐辞》
之一。《乐府诗集》卷二十六引晋人崔豹《古今注》云："《箜
篌引》者，朝鲜津卒霍里子高妻丽玉所作也。子高晨起刺船，
有一白首狂夫，被发提壶，乱流而渡，其妻随而止之，不及，
遂堕河而死。于是援箜篌而歌曰：'公无渡河，公竟渡河，堕
河而死，将奈公何！'声甚凄怆，曲终亦投河而死。子高还，以
语丽玉。"唐代刘孝威、李白、李贺等人皆有以此为题材的诗歌。

②典出汉代乐府诗《枯鱼过河泣》："枯鱼过河泣，何时
悔复及。作书与鲂鱮，相教慎出入。"

学书有感

书道精微处，青主①亦难言。

心性拟古圣，笔底追前贤。

喤喤三十载，未能识本源。

老来不得意，羝羊怒篱盘②。

与其学米字，不如效米颠③。

白云陈抟④邀，青山乐考槃⑤。

①傅山（1607—1684），字青主。

②羝羊触藩：进退两难的意思。语出《周易·大壮》："羝羊触藩，羸其角。不能退，不能遂。"

③米芾（1051—1107），因其个性怪异，举止颠狂，遇石称"兄"，膜拜不已，人称"米颠"。

④陈抟（871—989），字图南，号扶摇子，赐号"白云先生""希夷先生"，北宋道家学者、养生家。好读《易经》，手不释卷。著有《指玄篇》八十一章。云游天下，年117岁卒于华山。后世道家称其为"陈抟老祖"。

⑤《诗经·国风·卫风·考槃》："考槃在涧，硕人之宽。独寤寐言，永矢弗谖。考槃在阿，硕人之薖。独寤寐歌，永矢弗过。考槃在陆，硕人之轴。独寤寐宿，永矢弗告。"是一首隐士诗，描写隐士的自由生活。

完成《咸阳宫》抒怀

老来无事拓鸿荒，咸阳内史四十章。

大禹不凿龙门阙[①]，黄河直进北冰洋。

一九八六年完成《咸阳宫》时抒怀之一，聊备一哂。

[①]《越绝书》卷一："禹穴之时，以铜为兵，以凿伊阙，通龙门。"

不帝秦歌

邯郸城上鸣镝①过，平原君府罢笙歌②。

当时只说空名帝，不知诛术日日多。

后人不解鲁连义，只盼皇帝行仁德。

---

①司马迁《史记·匈奴列传》记载：秦末汉初，匈奴太子冒顿制作了鸣镝，也就是一种响箭，它射出时箭头能发出响声。一次打猎中，冒顿用鸣镝射杀了父亲，然后"遂尽诛其后母与弟及大臣不听从者"，自立为单于。然后他在全军中推广这种武器，并凭借它拓展疆域。文献记载，至冒顿时"匈奴最强大"。"鸣镝"后成为战争的代称。

②公元前354年，"秦之围邯郸，赵使平原君求救"，平原君带二十人赴魏求救，魏国信陵君窃符救赵。

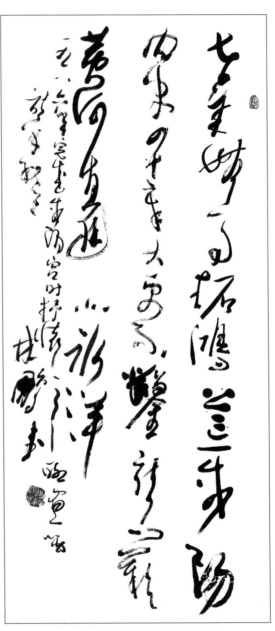

《完成〈咸阳宫〉抒怀》，林鹏书

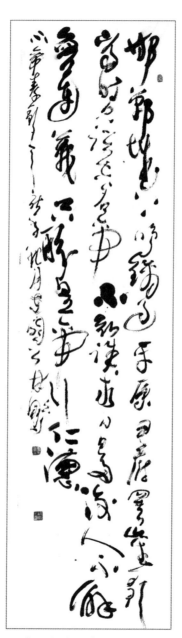

《不帝秦歌》，林鹏书

论 书

天下无难事，书道亦平常。

浅深随人定，雅俗就眼量，

笔墨有不测，清浊无其方。

孔子美不试，庄周丑技长。

三杯尊阮籍，九石笑齐王^①。

老来时光贱，搦管任张狂。

工拙且不顾，云鹤一方羊^②。

①典出《吕氏春秋》："齐宣王好射，悦人之谓己能用强弓也。其尝所用不过三石，以试左右，左右皆试引之，中关而止，皆曰：'此不下九石，非王其孰能用是？'宣王之情，所用不过三石，而终生自以为用九石，岂不悲哉！"

②方羊，即彷徉，指翱翔、腾飞。《汉书·吴王刘濞传》："吴王内以晁错为诛，外从大王后车，方洋天下，所向者降，所指者下，莫敢不服。"颜师古注："方洋，犹翱翔也。"

卫俊秀遗作展贺忱

鸡鸣风雨夜[①]，君子受熬煎。

偶然一挥洒，风雷落笔端。

卫俊秀先生逝世十周年，举行先生遗作书展，谨致贺忱。

---

①《诗经·郑风·风雨》："风雨如晦，鸡鸣不已。"

《论书》，林鹏书

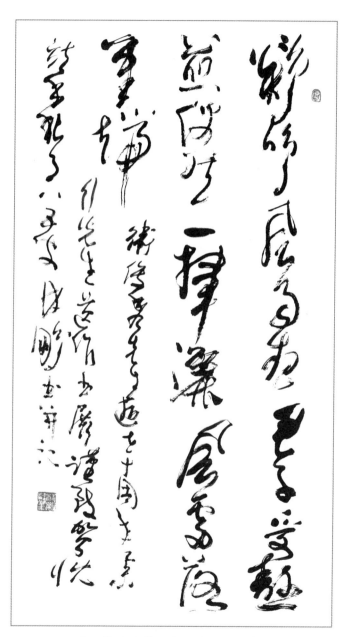

《卫俊秀遗作展贺忱》，林鹏书

洗尽铅华，观古照今

——就历史小说《咸阳宫》访谈林鹏先生

赵学文　林　鹏

《咸阳宫》的写作动机和写作准备

　　赵学文（以下简称赵）：您这本书写于1985年，当时人们思想禁锢，很多话都不敢说，思想的认识也没有到了一定的层次，那么，您写作《咸阳宫》，最初是怎么想的？

　　林　鹏（以下简称林）：这要从中国的革命说起。辛亥革命算觉醒，中国共产党诞生算觉醒，总之革命一浪高过一浪，从胜利走向胜利，最终，建立新中国。"文革"期间，什么人清醒？能读书的人才清醒。看马列，看古典，看十三经，看先秦诸子，不停地看，这种人清醒。我算一个。我回家当逍遥派看书，每天到半坡街废品收购站买书，那儿的领导跟我熟了，我们成了朋友。废品收购站的旧书堆积如山，一堆一堆的破书，他允许我在里面挑我需要看的书。买一斤废书一角六分，看完卖掉，每斤八分，看书的成本很低，由此我看了许多的书。典型的如《宋史》，是二十四史里分量最大的，我从头至尾看完。所以我说，有清醒的人，他必定是读书人。清醒就是客观嘛！当然，不一定每一个读书人都非常清醒，但是，总体上说，读书的人要比当局者清醒，因为他是旁观的人。这就形成了我基本的思想，也就是《咸阳宫》里所表现的。

1985年，我虚岁五十八岁了，还磨蹭什么呢？我把脚一跺，开始写《咸阳宫》。因为我对这个故事很熟悉，20世纪70年代就一直想写，但是开过几个头都没写好，不满意，所以没写成。到了1985年1月5日，《丹崖书论》交了书稿，晚上我就开始写第一章《刺客来临》。没有提纲，没有计划，写到哪里算哪里。

所以，写《咸阳宫》，实际上是对"批林批孔"的一个回应。革命参加过，经历过，有切肤之痛。在前线是我在前线，抄家揪斗是我被抄家揪斗，这个就是切肤之痛。

学术者，心术也。学术不是闹着玩的，不是玩名词玩概念。中国人讲的学术就是心术，就是用心。用心用在哪？你是害人，还是救人？心术的另一方面就是人和人平等，国和国平等，民族和民族平等。平等很重要，国与国之间不平等那就是霸权，人和人之间不平等那就是阶级压迫。所以我强调，学术者，心术也。

赵：《咸阳宫》作为一部历史小说，写作起来有很大的难度，您都做了哪些准备？

林：这说起来就多了，读"四书""五经"，《商君书》《韩非子》等等是思想上的准备。我曾经在"学习班"待过两年，那两年看了许多的书，做了许多笔记，现在整理成书《商韩批判》。当时读书也不是为了写小说，小说是一个点，把我多年来的积累，把我要说的给呈现了出来。《咸阳宫》从历史研究，从具体资料，从根本上推翻了"批林批孔"，否定了当时对儒家的批判。

《咸阳宫》的历史观

赵：您在处理《咸阳宫》的历史材料时，遵循了哪些基本原则？

林：写历史小说，首先要从历史材料出发。简单来说，读书人要回到原点，回到原材料。我写的《咸阳宫》是发生在公元前238年的事，我敢说，在公元前238年还活着的历史人物，我都写到了；那个时候的人们看的书，我都看过了。只有这样，处理历史材料时才能从历史出发。还有一点，我们读经、传，首先要服从多数人的解释、通常的解释。而且读书的路子要正，那些野史传说，比如《帝王世纪》之类，在处理历史材料方面是很不严肃的，在写历史小说的时候就不能取。

赵：秦始皇是中国帝王文化形成的起始人物，也是关键人物，对中国几千年的封建暴政统治做了一个很坏的榜样。而您在其他的学术著作里也表达了对帝王文化的深恶痛绝。在《咸阳宫》中，您用近乎漫画的手法写秦王政，写他的狭隘、自私、刚愎自用，您这样写秦王政的现实意义是什么？

林：我关心革命，为了认识革命，认识革命的历史，我第一步就是研究世界历史、中国历史。我要想反驳"批林批孔"的那一套，光摆事实不行，没用，我得拿出我的历史观点来。这就要说到中国的文化上来。中国文化、中国历史是由尧、舜这个时间奠定基础的。中国文化与世界上的所有古代文化都不一样，可以说中国文化就是士君子文化，士君子文化从尧、舜时期一直传承下来。舜不仅是一个士君子，而且是一个自耕农，他是中华文明礼乐制度的开创者。"耕读传家"的自耕农们就是从尧舜时期传承下来的士君子阶级，也可以叫群体。他们始终是中国历史上经济、政治、军事、文化的基础，始终是几千年来中国社会的根本。他们这个群体创造了十三经，创造了先秦诸子。我所写的《咸阳宫》正是士君子文化碰上帝王文化的第一次较量，这是一次大较量。自打有了皇帝，才有了帝王思想、帝王文化。正是在秦始皇年轻的时候，他憋着劲地要建立帝王文化。描写这第一次较量，是一个很伟大的主题。这一次较量是帝王文化胜利了，士君子文化失败了；权势胜利了，个性失败了。这次较量是一次悲剧。现在，帝王思想要彻底被摧垮，士君子思想，也就是儒家思想所代表的"仁"，最终要彻底战胜帝王思想。一切的历史都是现代史，秦始皇的历史也是这样。我这样处理秦始皇，代表的也是一种现代人的观点。

关于吕不韦

赵：《咸阳宫》塑造的主要人物是吕不韦，吕不韦在中国历史上是一个很有争议的人物。但是在您的笔下，吕不韦是一个仁者、士君子。那么，您写吕不韦的依据是什么？

林：要想了解吕不韦，必须了解《吕氏春秋》。以前的人批判《吕氏春秋》，说它是杂家，这纯粹是胡说。要想依靠《史记·吕不韦列传》来了解吕不韦还不行，它肯定是假的，我说至少它是败笔。第一，《吕不韦列传》无论如何都该提到《吕氏春秋》，但是它却没提；第二，无论如何都该提到吕不韦做的事，但也没提。这些在《秦本纪》后面都有。《战国策》是司马迁很熟悉的书，他很多段落都照抄《战国策》，怎么没有抄上述两点？历史家最关心的是事实，可以在这个事情讲完后进行评价是好是坏。但是《史记·吕不韦列传》没有提，所以那根本就是败笔，我认为就是假的、赝品。写吕不韦这个人，怎么写？柯文辉先生几次跟我说："你一定要把主人公身上写一些缺点，他身上应该有点'屎'。"但是后来我也没改。我也想找到他生活上的小缺点，但是我用那个心干什么？我看他主要的。我对他有批判，我的批判很严肃。《咸阳宫》中任固有一句话："到了春天不发芽、不开花，就是一段朽木。"这话是说吕不韦的，我给它摆上去了。应曜甩袖而去，扔下一句话："虎皮羊质，见草而悦，见豺而战。"这是骂他呢！说他见到嫪毐就打哆嗦，他还能干什么？可是，没有一个人敢把这话告诉吕不韦。作为一个读者，应该能看到作者的意图。想方设法描写主人公的小缺点，有什么意思？

赵：在《咸阳宫》中，您将吕不韦的死写为自然死亡，而并非饮鸩自尽，您这样处理的意图是什么？

171

林：这牵扯到士君子文化。吕不韦可以说是当时士君子文化的代表。吕不韦实际上是《吕氏春秋》的主编人，在《吕氏春秋》中，他主张民本德治思想，主张奖罚的标准是"义"，提倡礼乐忠孝，推崇教育，主张顺应民心的义兵。秦国从孝公以来，一直是法家思想为主，所以《吕氏春秋》的思想在当时可以说是对秦国法家统治的一种批判，这是他提出的让秦国长治久安的一种全新的国策。他都七十多岁的人了，那为什么要让他死得那么惨？我写他摔倒了，就不能说话了，晚上弥留一阵之后，天明就死了。在他死了之后，我才写毒酒来了。这样是为了让他死得体面一点。

赵：是的。您曾推荐我读郭沫若的《十批判书》，最后一篇就是批判吕不韦和秦王政的，里面评价吕不韦"在中国历史上应该是一位有数的大政治家"，可见郭沫若对吕不韦总体上持肯定的态度。吕不韦的个人命运总体上来说也是个悲剧，造成这种悲剧的原因有哪些？

林：吕不韦悲剧的产生，首先是当时的历史条件和社会条件的原因。这个历史条件就是战国末期，那时就是看谁武力强，"霸道"战胜"王道"，所谓"上古竞于道德，中世逐于智谋，当今争于气力"；社会条件就是秦国，秦国对客士的态度决定了这个结果。其次也有吕不韦个人的原因。一个原因是个性方面的，《咸阳宫》里有个比喻，叫"自己的木鞋"，吕不韦的犹豫，不敢逆命，使他在重要的节点上失去了机会；另一个原因是他太过自信，错误地估计了形势，错误地估计了秦始皇。吕不韦认为他在秦国功劳那么大，奠定了秦国的基础，认为自己倒不了。而且他以为，当时已经消灭了嫪毐，最大的威胁没有了，就没人能反他了。其实要他死很容易。当然，直接的原因就是《咸阳宫》中突然跳出来的那六个人，这也是《咸阳宫》最妙的地方。这是一个重要的伏笔。庄襄王托孤，表面托的是吕不韦，真正托的是徐诜。徐诜是昭王老臣，是秦国贵族的代表。当时徐诜辞职，就是因为瞧不起吕不韦，不愿与吕不韦共事。但他辞职后，还以医生的身份经常进宫给秦王政看病，秦王政就拿国事问他。徐诜是杜仓的朋友，他推荐的六个人，就是杜仓的门人，最后一个，是他的外甥。

不过我们与其分析吕不韦的失败，不如分析秦国的灭亡。吕不韦的失败奠定了秦国的灭亡。秦王政没有采用士君子文化，而执意于帝王文化，所以使得秦国迅速地灭亡了。

赵：《咸阳宫》中最重要的人物是吕不韦。要说吕不韦，就不能不说《吕氏春秋》。《吕氏春秋》对吕不韦、对那个时代来说都很重要，它是怎么在秦始皇的"焚书坑儒"下保存下来的？

林：秦始皇恨《吕氏春秋》，那是肯定的。但《吕氏春秋》是一字不差地传下来的。一个原因，是当时吕不韦下令将书稿悬在咸阳城门公布，"悬千金其上"，扬言谁若改动其中一个字，便给予千金奖励。他允许人抄录，于是就传抄、流传出去了。还有，吕不韦有门人食客三千人，他们在离开吕不韦的时候，也有不少将抄录的《吕氏春秋》带到了别的国家。《咸阳宫》第三十八章有这样一个情节：蒲雕杀了嫪毐之后，出了潼关。书上这样写："车上除了简单的行李和少量食物之外，还有几十捆竹简。他们的符节上盖着秦王的御玺，就连这些竹简结扎处的封泥上也盖着秦王的御玺。这些竹简运到燕山之后，蔡泽打开一看，才发现这是一部完整的《吕氏春秋》。"这其实是一个隐喻，《吕氏春秋》以这种方式被带出去，应该是很多的。吕不韦倒了，但《吕氏春秋》却会传播到很多的地方。

赵： 时代需要我们继承中国优秀传统文化。现在社会对于国学的学习和研究越来越重视，但对《吕氏春秋》的认识还远远不够，我们应该怎么去认识《吕氏春秋》？

林： 怎么认识其实都不为过。汉代的王充在《论衡》中说孔子编定《春秋》是"素王之业"，为《吕氏春秋》作注的国学大师王利器说，吕不韦编写《吕氏春秋》同样是"素王之业"，也就是说吕不韦可以和孔子媲美。《吕氏春秋》在，你怎么认识都可以。

在这里我还想说说现代人对中国文化传承的问题。世界上所有的古老文化都消亡了，埃及文化，玛雅文化，希腊文化，罗马文化等等。它们都是在双重压迫下灭亡的，一是内部残酷的剥削和压迫，二是外来侵略势力反复、连续的冲击、践踏、破坏。灭亡之后是一种新生，也就是郭沫若的那个"凤凰涅槃"的比喻，体验新生是非常快乐、幸福的。应该说，自鸦片战争以来，中国文化面临着和古代西方文化一样的命运，这个每一个中国人都应该看到。而现代的不少中国人，也正在兴高采烈地接受着西方文化，体验着一种新生，这是非常危险的。中国的文化不同于西欧和世界上的所有文化，它有着自己的语言体系，现在还在，"岿然而有余"，不但屹立，而且有余，很强大。当年犹太人失去祖国，但不忘他们的语言，所以1948年才能复国。中国的语言文字还在，中国的文化要很好地被保护和传承，不要让它消亡。

赵：今天您谈了这么多，不但谈到了《咸阳宫》的写作目的，谈到了《咸阳宫》的历史观，谈到了对小说重要人物吕不韦的认识，还谈到了对中国士君子文化的保护和传承，都使我们非常受益，对我们今后的读书、做事都很有指导意义。谢谢您！

众说林鹏

林鹏有深到骨髓的历史癖，酷爱研究英雄辈出、思想界万马奔腾的春秋战国史，如醉如痴，老而弥笃。他以赤子之心的爱国热忱告诉我们，如果先秦诸子的民主意识得到充分的发展，封建长夜不会延续两千多年，中国将是科学文化最为发达的一流强国。

柯文辉（书画评论家，鉴赏家，美术理论家）

能让历史小说真的发扬光大，能写得沧桑世故而又情怀温厚，台湾的高阳，香港的廖心一（《正德皇帝全传》的作者），两人而已。而大陆，我是想提一本《咸阳宫》，作者林鹏，山西省书法协会的老先生。那是伟大的书，布衣之怒，圣贤之心，明写吕不韦，暗写中国历史童年时代的另一种发展可能，写士也许可以活下来，暴政也许可以不绵延。

史航（编剧、策划人，中央戏剧学院教师）

我们这个时代不缺财富，不缺看一行字就能写出十万字、一百万字的聪明过人的人。缺什么？缺这种有学识、有思想、有判断力的人。那么我读林鹏先生的书，包括他的随笔和小说，我发现他是我们这个时代非常重要的思想家。我把他和李慎之、王元化这些人并置在一起，不是随意的，我觉得他是名副其实的。

李建军（中国社会科学院文学研究所教授、博士生导师，文学评论家）

《丹崖书论》文思宏恢，天海不羁，浩漫之中多有发明。此亦吾友翩风治学特具之标格。世人有勤勉著书，一生不懈，如溺于深渊，没身无一创见者，此所谓有学无识。吾友翩风不然，每读一书多有领悟，凡有心得必在友人中畅情议论，而其思绪往往如新发于硎，使人有灿烂之感。《丹崖书论》即其读傅山之领悟议论之作。

张颔（学者，书法家，古文字学家）

了解傅山，不失为了解林鹏先生书法的一个途径，因为林先生不但研究傅山，而且继承了傅山的思想性格和艺术理念。和傅山一样，林鹏先生在研究经史的同时，于诸子之学多所关注。他在《蒙斋文录》中，反思历史，针砭时弊，表现了和傅山一样的特立独行的思想性格。

白谦慎（美国波士顿大学艺术史系教授，主要从事中

国书法研究工作）

素朴的言语中却有着人生的哲理，自然的表述中却深蕴生命的执着，如同林鹏先生的书法，朴素中蕴含执拗，洒脱中透露劲硬，呈现出其独特的个性。林鹏先生谈到傅山的草书时评点说"轻重深浅，浓淡干湿，千变万化，丰富多彩，并且一任自然，似乎出于无意"，林鹏文章的语言也有类似的追求。

杨剑龙（上海师范大学文化研究中心主任，作家）

林先生的"狂"，并非不知天高地厚，恰恰相反，乃奠基于他对传统文化特别是先秦典籍的广泛而深入的阅读和研究基础之上。虽然批评20世纪的中国人过分崇法西洋而轻视了传统，但他对西方的东西也并不陌生，旁征博引，广涉中西古今，实际上持一种以中华传统文化为根基本位而放眼世界的视野和立场。

梁归智（辽宁师范大学文学院教授，中国当代红学家）

窃以为林鹏的草书是近百年来继林散之之后的又一个新的境界。傅山其后三百年，久违的草书又出现在"黑松庄"。在林鹏先生的作品里，我们体味到人性释放的愉悦。作为当今书法界少见的草书大家，林鹏的笔墨无疑给当代书法刻意制作、枯燥乏味的书写状态平添了几分天真浪漫的情怀，如夏日的一缕清风，从黄土高坡吹来。

许宏泉（画家，鉴定家，批评家，作家）

乍读林鹏老友手笔诗作，才气横溢，所谓庖言日出，以和天倪，别有天地也。盖先生饱读百家奇文经史，固今时罕有之通人，纵通横通贯通直至精通，至矣，尽矣。是位达人，久仰慕六朝高洁之气度，大天而思，民胞物与，萧然物外，高矣，远矣。谓之狂人，有何不可？太白见皇帝如见常人，乃成得个狂者。鹏君老来风，胡说八道，其真胡说耶？但能惠我此风，足以风人何如。

卫俊秀（书法家）

179

林鹏不是理论家，也不必称他思想家。称林鹏是思想者，一个民间的思想者，似乎更确切，想必他更乐意接受。他的思想源于生活，是对过去与今天的审视和感悟……现在越来越看得清楚，高明在民间，思想者在民间，复兴中华文化的希望也在民间。谁离开权势远一点，虚假就少一点，学术价值就多一点，识见就高明一点。林鹏，正是远离权势、远离体制的民间思想者。

龚斌（华东师范大学教授）

林鹏先生的读书之所以能够新意迭出、见解独到，在很大程度上不尽是在书本中熬出来的，而是他在书中读出了自己丰富的生命感受，其生命的感受又与他先天的艺术气质和后天的艺术修养相交融，从而升华为一种才、学并驾的治学禀赋。我甚至认为，倘若没有他的从军经历，没有他深厚的艺术历练，他的读书很可能又是另一番情景。对于历史人物，林先生的褒贬是旗帜鲜明的，在学养铸就的理性之外还常常伴着艺术生命的感性和灵性。

何希凡（西华师范大学文学院教授，硕士生导师）

林鹏文章常出现难过、懊丧、哀愁之类低沉字眼，不要怪他"心忧"，问他"何求"。

陈老萌（南通大学文学院教授）

林先生称得上一个真正的诗人，林先生有那份诗的"初心"。读林先生的文章，在深刻中我们可以见到林先生的童真；看林先生的字，在潇洒中可以看到林先生的从容；品林先生的印，在厚实中可以体味林先生的浑朴。而"童真""从容""浑朴"就是诗人气质、诗人精神。

赵学文（山西三晋报刊传媒集团董事长，《名作欣赏》总编辑）

林先生还有一个特点，就是格局大，想的是大问题，做的是大事情。他一生的成功，多得力于此。

韩石山（作家）

林先生读书，多有心得，扫尽蒙尘，探微烛幽，直达古代前贤仁人志士的境界。但林先生并不耽于建造什么体系。他的读书心得，诸多精辟见地，往往都是一针见血，用最简捷的语言表述而出。

张石山（作家）

林先生的笔快、行文快。他的文章，精粹短促，如佩短刀，有澎湃之势，有刚勇之风，这大概得益于其做记者、当编辑的苛严，也还有在部队一年急行军一万三千里的影子，先秦诸子书的熟读与草书艺术的滋养，我想也是有的吧。读他的文章，你会无来由地生出向前的冲劲儿；他不是性灵一派，豪气与侠义是底色；亦非婉约之类，苦痛经历后不熄的刚猛仍让人动容。

续小强（北岳文艺出版社社长）

我一直以为，作为一个与文字打交道的人，若要让自己的文章经得起读，心必须进来，否则，他就只是一个文字的技术主义者或匠人，对待历史，当也如此。林先生对待历史的态度，最终是要为当下提供一个镜鉴，所谓以史为鉴，尔后"为我所用"。林鹏先生的文字就是建立在对史实和古典文化深度占有上的一种释放，其文字后面有他这样一个人，也就是说，他自己是置身在文字的现场。

刘波（三峡大学文学院副教授）

要想成为真正的书法大家，首先就必须是一位拥有思想的学问家，就必须是一位真正的读书人。在卓然超群的书法艺术与深厚的人文思想修养之间，一种天然联系的存在实在是无法被否认的。林鹏先生之所以能够成为一位杰出的书法家，与他那深刻的思想见识，与他那可谓是高山仰止的文化人格之间存在着的内在联系，的确是显而易见、无法否认的。

王春林（山西大学教授，文学评论家）

林先生是一个不知倦怠的思想者，嗜好读书，常常彻夜诵读经典，时至五更，尝自作诗云："夜长不寐披褐起，一声鸡唱月如钩"，这句诗当为先生多年来读书睿思之写照。

吴高歌（华北电力大学书学文化研究所所长）

中国文化乃早熟文化，车辁辘发明时如此，至今亦然；石磨盘发明时如此，至今亦然。春秋时文峰已入云端，亦后世无法逾越者也。中国文化就是起初的那个车辁辘，滚滚向前，未稍歇；还是那个石磨盘，循环往复，未曾变。前车为后车之鉴，但此鉴虚鉴也，当事人何曾为鉴，白头宫女之鉴也。林先生是位一肚子不合时宜的磨鉴人、洗眼人。

介子平（《编辑之友》副总编辑，学者）

我们不得不说，中国应该尽量少一些"经学家"，多一些思想家，特别是像林先生这样独立的真正的思想家。如此必将大有益于国家和人民，有益于历史与未来。

赵桂溟（山西法显文化研究会副会长）

萧散而高雅，豪迈而奔放，塑造了先生文化与艺术的双重人格。他既是传统的，又是现代的。思想是传统的，发微是现代的。越是传统的越伟大，越是传统的越能立足于世界之林。先生继承传统，倡导传统，如醉如痴，老而弥笃。

姚国瑾（山西大学教授，书法家）

我常常这样想，这种狂狷美的创造背后除了以上因素外还有没有一种"心法"一类的东西呢？答案是肯定的，那就是先生常讲的"反躬"。这一"心法"太重要了，它是古圣先贤留给我辈的一份珍贵遗产。它甚至也可以说是一种做人的觉悟。所谓"行者不得，反求诸己"，先生在谈话和文章中常说的"天理""存天理"等等都是这个意思。先生有篇文章题为"学术者，心术也"，艺术又何尝不是如此呢？

刘刚（书法家，篆刻家）

记得前几年，中央电视台记者《大家》栏目采访过张颔老人，最后问："您要是生活在晋国会如何？"张颔老人很幽默："我要是在晋国，起码能找到一份工作。"记者一笑。倘若林老活在周朝，当得知武王伐纣的军队路过，一定会和叔齐伯夷一起，叩马而谏，任凭武王坐骑嘶鸣，三人拉住缰绳就是不松手，兵士怒而欲武，武王曰："此义人也。"乃扶之。甚至叔齐伯夷已走，林老还是拉着缰绳不松手。

王书鹏（中国金融作家协会会员）

184

附录四

"蒙斋"四解

　　我觉得"求甚解"是非常难的，简直不可能。能说出来的、能写出来的都是一知半解而已。我称之为"瞎蒙"。客观上，一辈子受蒙蔽，没法子；主观上，最糟糕，常常喜欢自我蒙蔽。这种自我蒙蔽，着实严重，着实普遍，实在没法说。

——作者自解

　　五台话自称曰"蒙"，汉赋中"蒙窃惑焉"，《文选》注曰："谦词也。"君子谦谦，非徒自损也，况"蒙"中寓"复"，亦近于仁而远于咎，可以御寇，可以克家。蒙之义大矣哉！

——张颔先生解

　　林鹏号其斋名曰"蒙斋"，他自称自己的学问是"蒙"出来的。蒙者，瞎蒙、胡猜之谓也。然而，读过《蒙斋读书记》便深感，此之谓蒙，实为顿悟也。林先生言，多少年来自己受蒙蔽，有客观上的虚假意识形态之蒙蔽，也有自我蒙蔽，但燃犀下照，精怪百变，尽露本相，如一旦发蒙，豁然贯通，原来如此！

——降大任先生解

　　"蒙"之解，师之曰"蒙蔽"，降大任先生释之为"顿悟"。乍庐夫子（指张颔先生，编者注）则云："《易·蒙》之象，上山下水，仁者智者，其乐和同。林子陶然，乐在其中。静可养正，动可启功，亨利二德在焉。"又云："况'蒙'中寓'复'，亦近于仁而远于咎，可以御寇，可以克家。蒙之义大矣哉。"愚之见，师之言固实，降之言固切，皆不如夫子之义大而远。夫子求"蒙"以经，训之以象，用之以爻，尽得其解。后者释之，或难以附加焉。

　　然予以"蒙"之象"山下有泉"，盖有本趣，故更为别说。

　　杜子美《佳人》诗云："在山泉水清，出山泉水浊。"山下出泉，本为"原"字。原，源头也，必在山者，故"蒙"有隐义。尚秉和《周易尚氏学》释云："艮少，坎隐伏不明，故曰蒙。"亦含隐之说。吾师少年从戎，意气风发；中岁屡造磨难，感慨悲歌；老来伏隐于市，返朴归真。或课以子弟，或读书自娱，实与巢、由饮水清流者同。故师晚年以"蒙"名斋，吾以其为隐逸之义者矣。

——姚国瑾先生解

附录五

林鹏先生学术年表简编

姚国瑾 编著

1928 年 1 岁

二月（农历正月二十八） 先生生于河北易县南管头村。易县战国时属燕下郡，汉初，张苍封为北平侯，食邑千二百户。易县南管头张氏，张苍之裔，先生本姓。幼名德臣，后改林鹏，参加革命后，以名行世，字翩风，号蒙斋、夏屋山等。

1941 年 十四岁

八月，考入晋察冀边区第三革命中学，后转边区师范。

1944 年 十七岁

八月，加入中国共产党，任边区小学教员。

1945 年　十八岁

五月，任易县四区教育助理员。

十月，入晋察冀一分区战剧社，任演剧职员。

1946 年　十九岁

四月，任六军十七团政治处通讯干事。

五月，参加察哈尔北部剧团。

本年，参加集宁战役、淮津战役。

1947 年　二十岁

六月，任六军十二团政治处宣传干事。

本年，参加正太战役、清风店战斗。

1948 年　二十一岁

本年，参加察南战役、冀东战斗、八达岭战役、新保安门战斗。

1949 年　二十二岁

五月，任一九三师政治部宣传干事。

本年，参加解放太原、解放西安、解放兰州、解放银川等战役。

1950 年　二十三岁

六月，任六十五军政治部报社编辑。

1951 年　二十四岁

二月，入朝鲜，任六十五军报社编辑、战地记者。

本年，参加五次战役。

1952 年　二十五岁

本年，参加开城保卫战。

被打成"思想老虎"，撤职。

1953 年　二十六岁

三月，任六十五军报社主编。

十月，回国，部队驻张家口。

1954 年　二十七岁

一月，结婚。借调总政文化部参加《志愿军一日》《志愿军英雄传》编辑工作。

夏，病，住二五一医院休养。

1955 年　二十八岁

三月，出院，回六十五军政治部。

八月，因读书被怀疑为胡风分子，入肃反队半年，查无任何问题。

1956 年　二十九岁

三月，出院，到大同工农骨干训练大队政治处任教育干事。

五月，调回六十五军政治部，做解放军三十年征文工作。

1957 年　三十岁

三月，征文工作完毕，要求转业。住六十五军招待所，写作长篇小说。

十月，至廊坊转业团。

1958 年　三十一岁

六月，转业至山西，任山西省人事局秘书。结识孙功炎先生。

1959 年　三十二岁

结识王绍尊先生。

1960 年　三十三岁

九月，在运城、曲沃下乡，任工作队长。

1964 年　三十七岁

结识张颔先生。

1965 年　三十八岁

在省"四清"政治部任编辑组长。

1966 年　三十九岁

"文化大革命"开始，被打成反党集团，长篇小说稿及读书札记被焚。

1970 年　四十三岁

七月，下放至霍县源头大队，插队当社员。

1971 年　四十四岁

九月，"九一三"事件后，任山西省革委业务组政办室干部组长。

1974 年　四十七岁

结识姚奠中先生。

1975 年　四十八岁

十一月，任山西省轻工业厅科技处处长。

本年，书法作品参加山西、杭州书法联展。

1978 年　五十一岁

本年，被清查，在"学习班"中。

写作《井田述略》。

1980 年　五十三岁

三月，发表《彻法论稿》。

本年，书法作品参加全国第一届书展，从而成为中国书协第一批委员。

1982 年　五十五岁
二月，任山西省轻工业厅人事劳资处处长。

1983 年　五十六岁
三月，任山西省书协常务理事。
本年，写作《丹崖书论》。结识卫俊秀先生。

1984 年　五十七岁
主编《傅山书法》（1985 年山西人民出版社出版）。

1985 年　五十八岁
本年，写作长篇历史小说《咸阳宫》。
任中国书协理事、创作评审委员会委员。
结识魏启俊先生。

1987 年　六十岁
一月，被选为中国书协山西分会主席、山西文联主席团成员。

1988 年　六十一岁
写作《汉字与书法》（发表于《传统文化》《火花》）。

1992 年 六十五岁

九月，创作陶渊明《饮酒》诗草书八尺十二条屏，被杏花村汾酒酒史博物馆收藏。

1994 年 六十七岁

五月，任山西省书协名誉主席。

九月，长篇历史小说《咸阳宫》由北京人民出版社出版，柯文辉先生作序。

1995 年 六十八岁

春，主编《中国书法全集·傅山卷》（蒙宝斋 1996 年出版）。

1997 年 七十岁

《蒙斋读书记》由山西古籍出版社出版。

1998 年 七十一岁

本年，《咸阳宫》再版，并被列入"北京长篇小说精品系列"。

创作易顺鼎长诗草书八尺十二条屏。

成为山西省作家协会会员、中国作家协会会员。

1999 年 七十二岁

三月，《中国书法》第三期以"现代名家"作专题介绍，并刊登姚国瑾《心性拟古圣，笔底追前贤——林鹏先生及其书法艺术》文章。

2000 年，七十三岁

本年，作《小八路》打游诗，书于绢上。卫俊秀、张颔、姚奠中三先生为之题跋。

2001 年，七十四岁

三月，《林鹏书法》由山西人民出版社出版。

九月，被聘为山西大学师范学院（今太原师范学院）名誉教授。

2003 年，七十六岁

四月，同张荣庆先生在保定举办"林鹏、张荣庆回乡书法展"。

山西古籍出版社出版线装本《蒙斋印话》。

2004 年，七十七岁

夏，创作八尺整纸李商隐诗《牡丹》。

2005 年，七十八岁

二月，创作杜甫诗《秋兴八首》，草书丈二匹十二条屏。

三月，欧阳中石先生为"林鹏草书展"题署。

五月十八日，"林鹏草书展"在北京中国美术馆开展。

六月二十九日，"林鹏草书展"在山西民俗博物馆展出。出版《林鹏草书展作品集》。

2006 年，七十九岁

《咸阳宫》由山西古籍出版社出版修订注释版（第三版），繁体竖排，增加了《新版后记》。

2008 年，八十一岁

五月十七、十八日，"林鹏草书艺术展"在浙江西湖美术馆举办，展出作品百余件。

出版《三气氤氲——林鹏草书艺术展》。

2009 年，八十二岁

三月，出版学术随笔《平旦札》。

三晋出版社出版《丹崖书论》。

六月，台湾秀威资讯科技股份有限公司出版繁体字版《平旦札》。

2010 年，八十三岁

六月，三晋出版社出版《蒙斋读书记》。

2012 年，八十五岁

三月，三晋出版社出版散文集《东园公记》，由韩石山作长序。

西泠印社出版《丹枫阁记研究》。

2013 年，八十六岁

十月，随笔四种（《遐想录》《读书记》《回想集》《书艺谭》）由商务印书馆出版。十一月，商务印书馆举办了新书发布暨林鹏学术研究会。

2014 年，八十七岁

十二月，周宗奇《大聱林鹏》由台湾新锐文创出版公司出版。

2015 年，八十八岁

为董并生《虚构的古希腊文明》作序。该书五月由山西人民出版社出版。

2016 年，八十九岁

一月，《咸阳宫》第五版由人民文学出版社出版。

同月，《林鹏论》由北岳文艺出版社出版。

八月，《咸阳宫》第六版由北岳文艺出版社出版。

2017 年，九十岁

《丹崖书论》（足本）由北岳文艺出版社出版。

《林鹏论》（修订版）由北岳文艺出版社出版。

后 记

编了一本《蒙斋絮语》。何谓絮语？简单说，有要没紧、无关宏旨、零七碎八、絮絮叨叨之方语也。只能这么说，不能有别的说法。

此事最早是由三晋出版社社长张继红先生提议。张继红说给张勇耀，张勇耀说李和平编这个书最合适，然后与李和平商量。李和平打电话给我，说要编一本格言式的书，我当即就说："不需要，没用。"他说："有用！我已经编好了！"我一听大出意外。不久张勇耀来，说李和平一直在通过博客、微信编辑"林鹏哲学史论"，一共编了六十二期，很有出版价值，她可以从这些已编好的"史论"中，摘出一些格言式的内容来，并根据内容分成几类；另外也可以把我的几首古体诗收进来。我对此不置可否，说还是要慎重。

李和平是狼牙山镇南管头本村的一个农民，自幼聪敏好学，精明强干。他会拾掇果木，技术高超，有吃有穿。白天种地，晚上读书。他说受我的影响看了点马列，看了点西方哲学、史学名著，其主要精力却是用在"四书""五经"之中，三十年来锲而不舍，颇见功力。张勇耀是《名作欣赏》副总编，山西师大中文专业毕业，著有《孔天胤传》等学术专著，并出版有《咸阳宫》研究专著《落在战国的雪》，深刻全面，令我敬佩。他们两位认为可以把散见于我的几本书中的新观点摘引出来编一本小书，可以引导读者进一步思考。

我开始之所以不同意，是因为所谓"新观点"很难说新。如果真是"新"的，又怕读者不能接受，所以拿不准。后来他们说："有意思，先生可以放心。"现在他们编出来了，张勇耀女士不但给这些絮语分了类，还给我的古体诗加了注释，又加了几个附录。

张勇耀女士拿来打印稿请我审阅。我已年老，眼睛患有黄斑病症，小字看不见，大字看不清，只好让孩子们念。念了一遍，印象不深，还是拿不准。他们认为可以出版，现在敬请读者赐正。如果有错误，当然要改正。在此也感谢张继红先生的一番雅意。

林　鹏

2017 年 3 月